최하림 詩 전집

최하림은 1939년 전남 목포에서 태어났다. 1960년대 김현, 김승옥, 김치수와 함께 '산문시대(散文時代)' 동인으로 활동했으며, 1964년 「貧弱한 올페의 回想」이 조선일보 신춘문예에 당선되어 문단에 나왔다. 시집 『우리들을 위하여』 『작은 마을에서』 『겨울 깊은 물소리』 『속이 보이는 심연으로』 『굴참나무숲에서 아이들이 온다』 『풍경 뒤의 풍경』 『때로는 네가 보이지 는다』와 시선집 『사랑의 변주곡』 『햇볕 사이로 한 의자가』, 판화 시선집 『겨울꽃』, 자선 시집 『침묵의 빛』 등이 있으며, 그 밖의 저서로 미술 산문집 『한국인의 멋』, 김수영 평전 『자유인의 상』, 수필집 『숲이 아름다운 것은 그곳이 비어 있기 때문이다』, 최하림 문학산책 『시인을 찾아서』 등이 있다. 제11회 이산문학상, 제5회 현대불교문학상, 제2회 올해의 예술상 문학 부문 최우수상을 수상하였다.

최하림 시전집

초판 1쇄 발행 2010년 2월 11일
초판 2쇄 발행 2020년 4월 21일

지은이 최하림
펴낸이 이광호
펴낸곳 ㈜문학과지성사
등록번호 제1993-000098호
주소 04034 서울 마포구 잔다리로7길 18(서교동 377-20)
전화 02) 338-7224
팩스 02) 323-4180(편집) / 02) 338-7221(영업)
전자우편 moonji@moonji.com
홈페이지 www.moonji.com

ⓒ 최하림, 2010. Printed in Seoul, Korea

ISBN 89-320-2034-1 03810

이 책의 판권은 지은이와 ㈜문학과지성사에 있습니다.
양측의 서면 동의 없는 무단 전재 및 복제를 금합니다.

최하림 시詩 전집

문학과지성사
2010

시인의 말

보이지 않게 흐르는……

1990년대 중엽, 한 친구에게 근황을 적은 편지를 보낸 적이 있습니다. 이를 간추리면 다음과 같습니다.

나는 매일 아침, 유리창 가득 들어오는 햇빛을 받고 일어나, 건넛산에서 나무들이 기지개 켜고 일어나고, 골물이 졸졸졸 흘러내리고, 새들이 날아오르는 풍경을 본다고. 때로는 비행기 같은 이물질이 지나는 것을 볼 때도 있다고. 그 같은 정경이 날마다 계속되는 가운데 서서히 여름이 가고, 나뭇잎들이 져 내리고, 흰 눈이 내린다고.

그러던 어느 날 나는 모든 존재하는 것들이 배후 없이 있을 수 없다는 사실을 깨닫게 되었고, 모든 현재가 과거라는 시간의 그림자를 끌고 이동하는 사실을 알게 되었다고. 나 자신도 그런 그림자를 끌고 고향으로 가고 있다는 사실을 알게 되었다고. 그렇습니다. 우리는 모두 그림자를 끌고 산을 넘고 넘어 어머니의 둥근 무덤으로, 어머니의 바다로 가고자 합니다. 나의 '창밖으로 세상 보기'는 어머니의 무덤과 바다를 보고자 한 여행길이라 할 수 있겠습니다.

옛사람들은 시나 그림은 '和'를 근본으로 한다(聲音以和爲體)고 했습니다. '和'는 모든 존재하는 것들의 평화이고, 그것들의 바탕이 되는 것입니다. 평화로서의 '和'를 구하면서도, 그것들이 내면화되는 과정에서 솟구쳐 오르는 울음소리를 들었습니다. 예울림 같은 화가가 그 예에 속합니다. 예울림의 나무와 돌, 무인성자에는 들리지 않는 울음소리가 있습니다. 그리하여 화가는 고향을 버릴 수 없습니다. 신생은 고향에서밖에 일어날 수 없습니다. 우리는 고향에서밖에 다시 태어날 수 없습니다. 신생도 부활도 이 지구 위에서는 다 재현될 수 없습니다. 詩에서는 있을 수 있으되 현실에서는 없다는 것을 나는 침묵에서 봅니다. 있고/없음을 침묵은 껴안을 수 있습니다. 침묵은 고여 있지 않습니다. 침묵은 흘러갑니다. 그것은 그려져 있지 않는 빈 공간이라 해도 됩니다. 그려지지 않았으므로 그것은 없고 '有'의 세계를 감싸고 있으므로 그것은 있을 수밖에 없습니다. 그런데 이 '없음' 혹은 침묵을 나는 쓰기가 어렵습니다. 연과 연 사이, 행과 행 사이, 단어와 단어 사이의 침묵을 나는 포기하고 줄글을 씁니다.

 마침내 나는 쓰기를 그만두고 강으로 나갑니다. 나는 바위에 앉습니다. 비린 내음을 풍기며 강물이 철철철 흘러갑니다. 세상은 어느 만큼 살았으며, 세상 흐름을 얼마쯤 내다볼 줄 아는, 죽은 자들과 대면할 시간도 얼마 남지 않은 나는 흐르는 물을 붙잡으려고 하지는 않습니다. 그것을 붙잡으려고 하는 순간에 강물은(혹은 시간은) 사라져버리겠지요. 그런데도 내 시들은 그런 시간을 잡으려고 꿈꾸는 것인지도 모르지요. 그런 꿈을 쓸 수 있도록 보이게, 보이지 않게 도와준 여러 친구들에게 감사드리며, 가족들에게도 감사드립니다. 그리고 그 꿈을 기록한 나의 시들을 아름다운 책으로 엮어주신 문학과지성사에 머리 숙여 깊이 인사드립니다.

2010년 2월
최하림

최하림 시전집

| 차례 |

시인의 말 5

습작 시(1961~1963)

貧弱한 올페의 回想 23
海港 28
바다의 아이들 30
일모가 올 때 32
밤의 倚子 34
음악실에서 36
가을 沙場에서 37
가을의 말 1 39
가을의 말 2 41
가을의 바깥에서 42

우리들을 위하여(1964~1976)

마른 가지를 흔들며 45
가을의 말 3 47
雪夜 1 48
비가 50
우리들의 歷史 52
겨울의 사랑 54
웃음소리 56
불 58

우리들은 무엇인가 60
어둠의 노래 61
우리나라의 1975년 63
雪夜 2 65
두 손을 들고서 66
겨울 牛耳洞詩 67
白雪賦 1 69
白雪賦 2 73
눈 74
떠난 자를 위하여 75
風景 76
浮浪者들의 노래 77
農夫의 아내 78
사방의 상수리처럼 79
降雪의 詩 80
細石平田에서 81
獨白 82
유리창 앞에서 83
이슬방울 84
假花 장수 85

작은 마을에서(1964~1982)

詩 89
밤나라 90
불빛을 그리워한다 91
겨울 初入 92
詩는 어디에 94
적벽가 96
겨울 精緻 97
詩 99
새 섬 101
해일 102

취한 화가 103
미장이 105
한겨울의 꿈 106
겨울의 말 107
겨울의 빛 1 109
겨울의 빛 2 110
풍경 111
밤 112
저녁 바다와 아침 바다 113
무슨 착각처럼 114
귀뚜라미 소리 115
어두운 골짜기에서 116
새야 새야 118
정방폭포 119
'잘사는 세상' 120
詩 121
更作 122
천둥산 123
비가 124
신동엽 125
그리움 126
부랑자의 노래 1 127
소리꾼 128
새 130
사모곡 131
이제는 떠나세 132
부랑자의 노래 2 134
부랑자의 노래 3 135
봄밤 136
달밤의 어릿광대 137
장미가 울안에 138
마음의 그림자 139

겨울 깊은 물소리(1982~1988)

말 143
그대들이 부는 리코더는 144
그대는 눈이 밝아 146
햇빛이 무진장 내려 148
너는 가야 한다 150
겨울 산 152
누란 153
온 세상 가문비나무로 덮여서 154
주여 눈이 왔습니다 155
봄 156
비가 내린다 157
봄 하늘이 왜 이리…… 158
말 160
별을 보면서 161
소리들이 메아리치고 162
요교리(蓼橋里)로 163
양수리에서 165
11월에 떨어진 꽃이 167
말 168
달아 달아 170
안개 낀 날에는 171
누군가 나를…… 172
춘분 174
베드로 1 175
베드로 2 176
베드로 3 178
베드로 4 179
베드로 5 180
베드로 6 182
베드로 7 183
베드로 8 184
베드로 10 185
시간의 잠 186

詩 187
살그머니…… 188
가을 인상 189
사랑하며 자유하며 190
침묵의 빛 192
잠 193
새 194
섬진강에 갔더니 195
내 꿈은 내 것이야 196
아이와 함께 198
슬픈 꿈 200
사다리를 타고 201
온화한 그늘 202
대관령(大關嶺) 203
얼마나 세상이 변했는가 205
새 206
시 207

속이 보이는 심연으로(1988~1998)

가을, 그리고 겨울 211
光木道路 213
아들에게 215
智異山 217
말하기 전에, 나는 218
어머니 강물 220
상처 221
방문 223
모카 커피를 마시며 224
나는 禪맛 느낀다 226
기차는 北으로도 南으로도 228
죽은 자들이여, 너희는 어디 있는가 229
이름을 뼛속까지 231

고통의 문지방 233
무등산 235
우리는 손잡고, 기다리고 있었네 236
제6공화국 237
말 239
바다 240
그리운 날 241
베드로 242
교회당 언덕에서 244
落果 245
아침 햇살처럼 246
바다 멀리 유채꽃들이 247
아내에게 248
비원 기억 250
즐거운 딸들 252
우리들이 걸었던 길의 고통의 시간 속에서 253
病後에 255
밭고랑 옥수수 256
房 257
이제 나는 잠을 자야겠습니다 258
詩 259
새벽 꽃 260
黃土밭 지나며 261
이 말 저 말 시인 262
詩에게 264
그를 만난 것은 그 뒤였다 265
개꿈 268
泉隱寺 길 269
담쟁이덩굴 270
날마다 산길 1 271
날마다 산길 2 273
날마다 산길 3 274
날마다 산길 4 275
말에게 276
내 시는 詩의 그림자뿐이네 277

굴참나무숲에서 아이들이 온다(1991~1998)

밤에는 고요히 어둠을 본다 281
아침 詩 282
나무가 자라는 집 284
구천동 詩論 286
오늘은 굼벵이 같은 나도 289
眞佛庵 290
반세기가 번뜩 지나간 어느 해 저녁 291
언덕 너머 골짝으로 292
나는 꿈꾸려고 한다 293
세상에서 멀리 가려던 294
집으로 가는 길 295
들판 296
독신의 아침 297
저녁 무렵 298
마음의 그림자 299
달이 빈방으로 301
물컵에 302
저녁 바람은 303
나는 너무 멀리 있다 304
바람과 아이 305
봄 태안사 306
마을의 느티나무 307
霜降을 지내고 308
어느덧 봄이 309
섬진강 310
소록도 詩篇 1 312
소록도 詩篇 2 313
소록도 詩篇 3 314
소록도 詩篇 4 315
소록도 詩篇 5 316
소록도 詩篇 6 317
우리가 당신의 성채인 것처럼 319
방죽이 있는 풍경 320

백일몽 321
病床 일기 323
병상에서 324
부식 동판화 325
詩를 태우며 326
일기, 비망록 327
도시의 아이들 328
철 지난 봄노래 329
김현을 보내고 331
저녁 바람 332
주님이 오실지도 모릅니다 333
산수유꽃들이 피다 말고 떨어져 335
정명섭에게 336
아무 생각 없이 겨울 풍경 그리기 337
초여름 풍경 339
모자도 쓰지 않고 341
아내가 없는 날 342
장마 343
방울꽃 344
저녁 무렵 345
집으로 가는 길 347
눈을 맞으며 348
아침 유대 349
겨울 어느 날 351

풍경 뒤의 풍경(1998~2001)

가을날에는 355
빈집 356
다시 빈집 358
바람이 이는지 360
버들가지들이 얼어 은빛으로 362
이제는 날개도 보이지 않고 날아가는 새여 썩뚝썩뚝 시간을 자르며 나는 가리니 363

다시 구천동으로 364
갈마동에 가자고 아내가 말한다 366
겨울 갈마동 일기 368
달 369
오늘 밤에도 당신은 370
어디로? 371
가을의 속도 372
저녁 예감 373
겨울 내소사로 374
수천의 새들이 날갯짓을 하면서 375
의자 377
호탄리 詩篇 379
함티 가는 길 381
손 383
전화벨이 운다 385
바람이 대숲 길로 빠져나간 뒤 386
물 그림자 위로 387
나는 다리 위에 있다 388
싸락눈처럼 반짝이면서 389
마애불이 돌 속으로 들어간다 391
겨울 월광 392
불국사 회랑 394
포플러들아 포플러들아 395
마애불을 생각하며 396
雨水 397
억새풀들이 그들의 소리로 398
겨울이면 배고픈 까마귀들이 399
동강에서 401
나는 뭐라 말해야 할까요? 402
햇빛 한 그릇 403
봄 길 405
친구네 집 406
첫 시집을 보며 407
연오랑과 세오녀처럼 409
68번 도로에서 410

강이 흐르는 것만으로도 411
황혼 저편으로 412
비루먹은 말처럼 413
별이 떠올랐다가 사라지는 날이여 414
길 위에서 415
낮은 소리 416
농부들은 마당을 어슬렁거렸다 418
삽살개 같은 것들이 420
하늘소 421
별아! 422
에튀드 423

때로는 네가 보이지 않는다(2002~2005)

書床 427
바람이 센 듯해서 428
나는 너에게 편지를 쓴다 429
지리산 넘어 수십만 되새들이 430
마음의 그림자 431
우리가 멀리 떠나거나 잠이 든 새에 432
공중을 빙빙 돌며 434
징검다리 435
메밀밭에서는 437
공중으로 너풀너풀 날아간다 438
저녁 종소리 울린다 439
십일월이 지나는 산굽이에서 440
나는 산 밑을 돌아간다 442
눈발이 날리다 말고 444
시월은 445
나는 금강천을 건너 447
오래된 우물 448
메아리 449
구석방 450

빗속으로 451
가을 광활 452
잠시, 생각의 순간에 453
두 여자가 454
별것도 없다고 투덜거리던 달도 455
K와 함께 456
그해 겨울에는 457
어디선지 한 소리가 458
해남 가는 길 459
기억할 만한 어느 저녁 460
봄날이 온다 462
가라앉은 밤 463
할머니들이 겨울 배추를 다듬는다 464
북한강 465
오래오래 누워 467
나는, 지금 468
겨울 도장리 469
결빙(結氷)의 문장을 읽는다 470
시베리아 판화(版畵) 1 471
시베리아 판화(版畵) 2 473
시베리아 판화(版畵) 3 474
침묵 속으로 475
외몽고 476
한 줄기 회오리 같은 477
구부러진 해안선으로 478
바다와 산을 넘어 479
저녁 배에 오르다 480
겨울 단양행 481
밤의 다리 483
힘든 여름 485
소록도 7 486
촛불을 들고 487
시베리아 판화(版畵) 4 488
눈과 강아지 490
바람과 웃음 491

언뜻언뜻 눈 내리고 492

근작 시(2005~2008)

어디서 손님이 오고 계신지 495
가을의 사도행전 496
풍양동으로 가자고 497
김규동 선생님 498
가을 편지 499
겨울로 가는 마을 500
상강이 지난 뒤 501
저녁 시간 502
돌각담 503
봄밤 504
달빛과 기아 505
피난길 506
신성 노동 507
한 세기 넘게 508
선암사 길 509
보릿고개 510
우마차 511
우물길 512
목조건물 513
비천자상 516
소한 517

연보 518
찾아보기 521

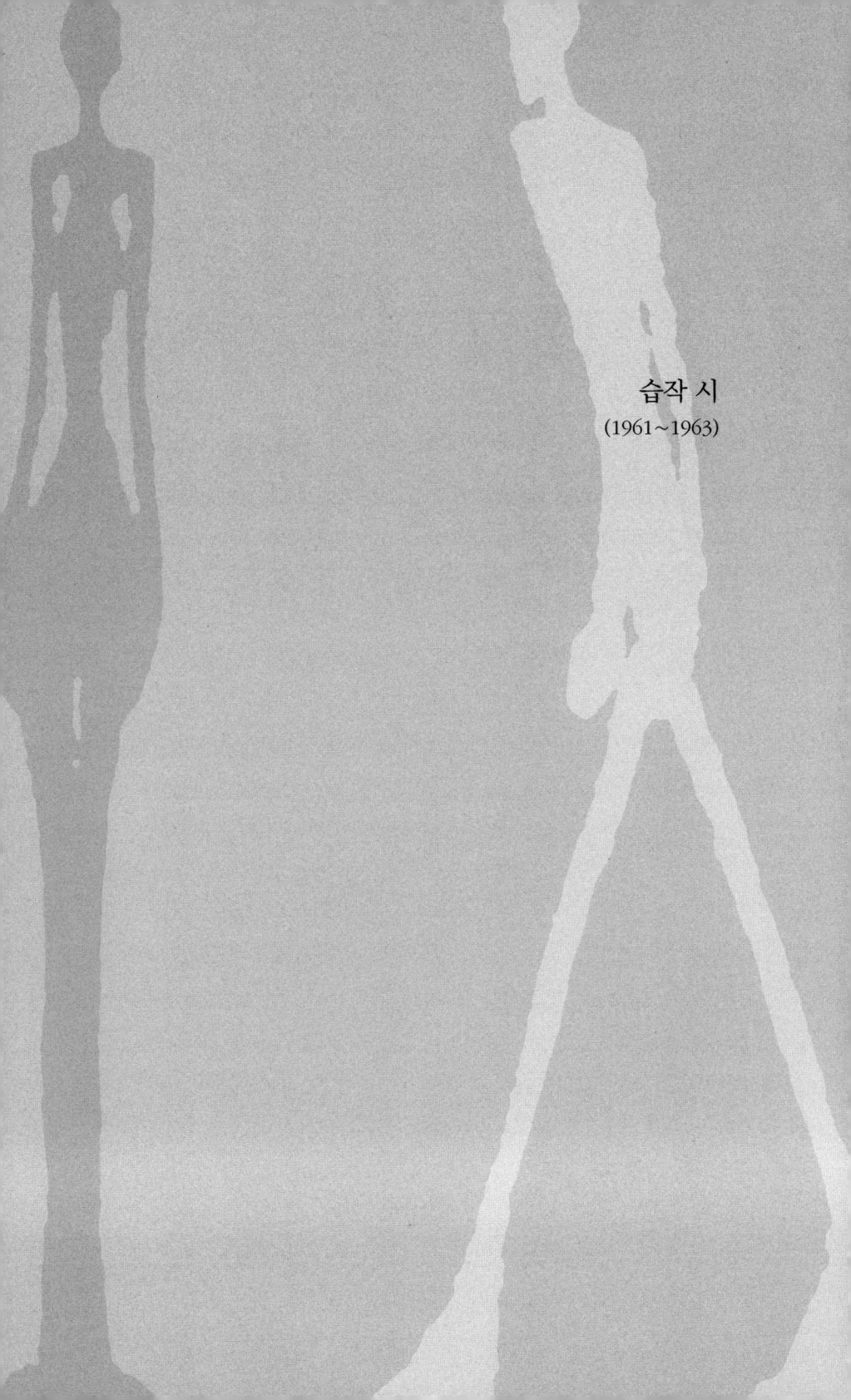

습작 시
(1961~1963)

貧弱한 올페의 回想

나무들이 日前의 폭풍처럼 흔들리고 있다

먼 들판을 횡단하며 온 우리들은 不在의 손을 버리고
쌓인 날들이 비애처럼 젖어드는 쓰디쓴
理解의 속 계단의 광선이 거울을 통과하며
시간을 부르며 바다의 脚線 아래로
빠져나가는 오늘도 외로운
發端인 우리

아아 무슨 根據로 물결을 출렁이며 아주 끝나거나 싸늘한
바다로 나아가고자 했을까 나아가고자 했을까
機械가 의식의 잠 속을 우는 허다한 허다한 港口여
수없이 작별하고 수없이 만나는 船舶들이여

이 雲霧 속, 찢겨진 屍身들이 걸린 침묵 아래서
나뭇잎처럼 토해놓은 우리들은
오랜 붕괴의 부두를 내려가고
저 시간들, 배신들, 나무와 같이 심은 별
우리들의 소유인 이와 같은 것들이
육체의 격렬한 通路를 지나서

不明의 아래아래로 퍼져버리고

*

나의 가을을 잠재우라 흔적의 湖水여
지금은 물속의 시간, 가라앉은 고향의
말라들어가는 응시에서 핀
보랏빛 꽃을 본다

나무가 장난처럼 커 오르고
푸르디푸른 벽에 감금한 꽃잎은 져 내려
분홍빛 몸을 감싸고
직모물의 무늬같이 不動으로 흐르는
기나긴 鐵柱를 빠져나와 모두 떠오른다

旅人宿에서처럼 낯설게 임종한, 그다음에 물이 흐르는 肉體여
아득히 다가와 주고받으며 멀어져가는 비극의 저녁은
서산에 희고 긴 비단을 입고 오고 있다
아주 장대하고 단순한 바다 위에서
아아 유리디체여!

(유리디체여 달빛이 흐르는 철판 위
인간의 땀이 어룽져 있는 건물 밖에는
달이 떠 있고 달빛이 기어들어와
파도 소리를 내는 철판 위
빛 낡은 감탄사를 손에 들고 어두운
얼굴의 목이 달을 보면서 서 있다)

*

푸르디푸른 絃을 律法의 칼날 위에 세우라
소리들이 떨어지면서 매혹하는 음절로 칠지라도
너는 멀리 故鄕을 떠나서 긴 팔굽만을 슬퍼하라

들어가라 들어가라 계량하지 못하는 조직 속
밑 푸른 심연 끝에 사건이 매달리고
붉은 황혼이 다가오면 우리들의 結句도 내려지리라

*

　아무런 이유도 놓여 있지 않은 공허 속으로
　어느 날 아이들이 쌓아올린 언어
　휘엉휘엉한 철교에서는 달빛이 상처를 만들며 쏟아지고
　때 없이 달빛이 달린 거기

　나는 내 正體의 知慧를 흔든다

　들어가라 들어가라 下體를 나부끼며
　아이들이 무심히 선 바닷속으로

　막막한 강안을 흘러와 死兒의 場所 몇 겹의 죽음
　장마철마다 떠내려온, 노래를 잃어버린 神들의 港口를 지나서

　유리를 통과한 투명한 漂流物 앞에서 交尾期의 魚類들이 듣는
파도 소리
　익사한 아이들의 꿈

　기계가 창으로 모든 노래를 유괴해간 지금은 무엇이 남아 눈을

뜰까

……下體를 나부끼며 해안의 아이들이 무심히 선 바닷속에서.

海港

짙은 안개와 충격을 지내 나온 우리들에게서 일어나는 일이란
바람 같은 悔悟

性感을 다듬으며 바다에서는 霧笛이 쉴 사이 없이 울고
음산한 거리를 지나서 달달거리며 埠頭의 꽉 다문
침묵들이 머리를 빗고 나온 여자들처럼
저편 거울 속에 비춰지고
거울 속에서 발산하는 一帶를 휘어잡은 죽음의 길고 긴 바다
그 바다의 어두운 內面을 휘적이면서
우리들은 뒤따르는 께름칙한 감정을 붙잡고 추궁하여 들어간다
그 아무도 의지할 이 없는 빈 海岸通의 붉은 노을 속에서
휘어져드는 위험 속에서
不充實한 시간들이 이끄는
모든 테마의 로프줄을 새파란 칼날로 끊고 있다
이리하여 우리들은 물기 긴 岬을 지나 달빛을 먹어버린 안개 속으로 이끌려가고
시푸런 槍 끝을 심장에 박으며 축축히 젖은 港口를, 霧笛들을
그리고 소리 없이 와 닿는 먼 航海에서 돌아오는 不在의 배를 굽어보는
아이들을 떠나

우리들은 西風을 받은 눈처럼 바다 가득히 퍼져나오는 陰影에 싸여
거울 속으로 거울 속으로 줄을 지어 들어가고 있다

바다의 아이들

방향을 헤아리지 못하고 자꾸 심연으로 밀리는 氣体들,
옛날의 깃발처럼 흔드는 바람
무너진 기슭으로 흘러가는 구름
(텅 빈 心底의 뼈아픈 공허 속에 지금은 원망의 바다가 흘러간다
기슭을 빨아가는, 수평이 부르는 充溢한 바다 앞에서 우리들은
무엇을 기다리는가
                    말해다오 말해다오)

유린당한 눈길 속에 아직은 은밀한 모습
너를 위한 기나긴 行路에서 메아리쳐오는 음성
아무 작별의 슬픔을 주는 이 없는 들판의 울음 그리고
뼈 시린 대기 속, 외로운 우리들의 내밀한 아우성에 찬 行路
어느 적막한 나무 밑에서 너를 찢어간 기침이 일고
行路가 끝나는 창백한 지점에서 우리들의 비극한 飢餓여
수선스레 한없이 시간을 돌아간다 기슭을 지나 암벽을 토해낸다
부서진다 부서진다

아 열망의 露臺여
너의 分身이 승화한, 하늘의 우레가 된 그때의 이야기여
찬란한 햇빛 속에 구름은 은총의 날개를 휘두르며

강변을 지나 저편 언덕에서 한창 소나기로 쏟아지고
한 바다가 저희 벅차고 사랑스럽던
濫費의 하늘로 급류를 이룬다 온날을 바람과 함께
심연의 저편에서 흐느끼다가 亂叫聲한다

노을이 떼 몰린 지평 끝, 아무도 말 없는 예식을 거행한다

발밑엔 허망한 허망한
(나의 마지막 달의 윤곽을 지우며)
내부의 모진 바람이 불고
그
메마른 자리로부터 움직여 새로운 입김을 불어넣는다
……수척한 어제를 내려찍는다

일모가 올 때

일모가 올 때
자욱한 빛깔을 시간과 진행의 종말처럼
도시의 언덕에서 가리며 우리는 분별할 수도 없이
나무가 타는 것을 보았다
검은 광택을 퍼부으며
바다에서 주워 올려지는
불붙은 삿대의 방향 같은
해변의 동요! 동요!
날이 피안에 미쳐 변색하고 있음을,
이렇게 인간의 의사가 전달되고 있음을
알게 되었다

                발밑까지 올라온 충실의 바닷물을 타고
                배들은 항구로 돌아가는데, 말할 수
                없는 바람과 새들과 그물 같은 것들
                을 끌고 배들은 항구로 가는데

골목골목에서 어둠을 뿜으며 쏟아져 나오는
무수한 이들의 불안에 싸인 아름다움
그들의 검은 머리와 검은 눈, 손과 발

최초의 인간에게서보다도 급속으로 악운이
밀어오는 층계에서 우리는 우리의
희망을 자르고 패배를 자르고, 오래 눈감고
있었던 한때의 소리들을, 침묵들을
자르고 잘라버려라
시간과 진행의 종말처럼
자욱한 빛깔을 도시의 언덕에서 가르며,

일모가 올 때

밖의 倚子

光芒이 번쩍거리는 의식을 아래로 아래로 버리며
예기로 싸인 저녁을 빠져나가는 개인의 行爲 밑에 휘감긴 바람

그리고 수도 없이 달빛을 흔들어 쓰라리게 肉體를 가위질하는
苦惱는 바다 가까이 몸을 눕히고

이런 나날의 가위질 달음박질

우리는 무엇하러 그렇게 하였을까 바람의 哀歡이여
貧民의 倚子에 걸터앉아서 초조로이 달빛의 먼지를
털고 작은 손으로 달빛을 밀고
웅웅거리는 빛살 속으로 몰려가는 바람을 바라보면서
(바람이여 바람이여
精神의 긴 들녘을 지나가라)
소망들이 자욱히 엎드린 즐비한 左岸의 通路를 따라가면

살벌한 문밖에, 물결이 강둑을 넘어 일렁거리고
가지들이 흘러가는 동요의 가장자리에서 속으로 속으로
바다를 울리며 희미한 視力에 기대어
海草들이 숨찬 달빛에 흔들리고

우리들은 허위에 젖은 平面的인 달을 지나
썰물의 餘光 위에 몸을 굽힌다
水面에 나타나는 者의 예감의 슬픔을, 怨聲을 키운다

음악실에서

걸어갈거나, 오늘도 나는 걸어갈거나
음산한 바람은 버릇같이 나를 달래고
어느 한곳에서도 지워지지 않는,
기러기 떼처럼 하늘을 흔들며 가고
온종일 지저귀다가 보는 저녁 햇빛을 받은
떨어진 잎새의 흔적들
참 저녁 햇빛은 우리 것이다 저녁 햇빛은 우리 것이다
이렇게 피곤할 때면 나는 어머니 곁으로 가 누우리 어머니 곁에
누우면 물소리 흐르는 나무들이며 이파리들이며 그리도 조용한 삼
라만상이 내 생전 처음 내 곁에 와서 소곤거리고,
나는 얼굴을 숙이고,
나를 팔아먹은 여자 생각도 않고,
부끄러운 신부처럼 귀를 모으고,
흥건히 어깨 적시는 비여……
공중에서 내리는 비여……

가을 沙場에서

아침 일찍이 안개가 걸어가기도 전에 걸어갔었네
바다와 바람은 산 채로 여자를 펄럭거리고
던져진 작살 같은 살살한 과거를 우리들은
말없이 받아들고 있었네
오오 달라붙은 부우연 공기, 부우연 공기,
이미 어디에도 흔적은 없고
손에서 떨어진 종잇조각이 바람에 말려가는 동안
沙場엔 더욱 짙은 안개가 끼고
霧笛이 울었으면 어울리었겠지
眼疾을 가졌으면 더욱더 그랬겠지
이국 영화에 나오는 여자들처럼
질풍 속에 몰린 여자, 여자
그대와 나, 지나간 일몰의 분위기로 있지만
지금은 떠나가버린 선박들
그리고 남은 세월들
우리는 세월을 걸어서 여기까지 왔네
초가을 밤의 역사를 찾아가듯
거리와 가로등을 지나서 찾아왔네만
정착할 시간 하나 없고
지오바니 세칸디니 氏의 懷幼病을, 그것을 우리들은

오랫동안 앓고 찾아왔네만
그대와 나, 챌칵챌칵 조약돌을 타고 넘어가면서
지금은 아무 소용없는 말들을
말들을 하고 있었네

가을의 말 1

聖女들의 천막이 거두어간 나의 주위에는
달아볼 수 없는 죽음의 차거운 공기가 누워 있다
해가 나무 곁에서 멈칫거리고 있다
달력의 부우연 연상이 손에서 떨어져가버린 뒤
바다는 육지를 향하여 부드럽게 부드럽게 팔랑거리고

창백한 돌마다 번쩍거리고 있는 혜지
여기서 이미 얻어진 결론을 내고
나는 기다릴 아무것도 없다
흐르는 밤 속에서 튀어 오르는 슬픔을 가져다주는 것은
가을이라든가 여자는 아니다
그러나 나는 슬픔 속으로 손을 들고 일어서고 있다
몰편의 침살에서 추억하고 있는 공간의 새들같이

바다는 한없이 흘러가고 있고
어디메에선가 첩첩이 말들의 긴 말
지금은 무더웠던 어둠의 뒤에서 가리운
경비정의 무적이 잠자는 하늘을 울고
어두운 아이들의 미래를 죽어가면서도 계속하고 있는
인간의 버리지 못한 버릇을

무적은 잠자는 하늘을 울고

인간의 환상과는 동떨어진 바다
북쪽을 기다리는 겨울의 바람 속에는 희망이 없고
언제나 있는 파장의 적막 속에서 적막이
닻줄을 끊으면서 岸壁을 휩쓸어가고 있다

가을의 말 2

나의 창살 밖에 빈손으로 와 있는 달에게
나는 내일을 내어주리라
그것은 차디찬 쇠고랑 같은 것이어서
흔들면 안 된다고 경고하면서

할 수 있는 한 나는 멀리로 올라가 잠들리라
할 수만 있다면 달빛 속으로 걸어 들어가 입을
벌리고 희디흰 미소를 하여 보겠지만

그러나 나는 별수 없이 멀리로 올라가 자게 되리라
壁에서 떨어진 꽃잎들이 하나씩 하나씩
물속을 지나가지만……
모두 지나가버리지만……

가을의 바깥에서

지금은 돌아와 발을 씻는다
누른 담장을 지나 황혼이 문전을 빠져나가는
가을의 바깥에서 가을의 바깥에서

천 마리 새들이 날개를 파닥거리며
날아가는 나날은 물처럼 진행되어가고
떨어져야 할 것도 殘命의 것들도
지금은 품속으로 파고들어 온다

오랜만에 우리들은 歸着을 본다
날이 끝으로 지고, 그 뒤에서
아이들의 함성이 드높고
싸리 이파리들이 한 잎 두 잎
빨갛게 타올랐다가 떨어져간다

우리도 내일은 떨어져갈 것이다
내일은 죽음이다 내일은 사랑이다
나는 문전을 빠져나가는 노을을 보며
오늘은 이렇게도 무상하게 내일을 사랑하고 있다

우리들을 위하여
(1964~1976)

마른 가지를 흔들며

가뭄이 타는 대지를 걸어 당신께서는
신작로 끝의 앙상한 나뭇가지를 흔드시고
앙상한 가지들은 일제히 마른 소리를 냈습니다
당신께서는 앞개의 水畓에서 잃으신
수확을 그렇게 정성으로 보충하셨습니다
겨울이 소리 없이 뒤를 따라왔습니다

이삼월의 기근이 골목을 누비고
오막살이를 심하게 흔들 때에도
흰 무명으로 누추함을 감싸시고
당신께서는 언제나 그늘이 길게 뻗친
저녁의 네거리와 그 언저리에서 떠나셨습니다

아아 그때의 어귀에서 흔들리던 일정
오랜 해수처럼 가래를 끌룩이면서
바닷가에서는 이윽고 소복소복 눈이 내리고
눈먼 소년이 더듬거리며 눈을 밟고 갔습니다

어머니여 이제는 나도 눈먼 소년과 같이
어둠을 밟고 갑니다 휘어진 도시의 거리에서

그들이 넘어지는 소리를 듣습니다
그들이 패배하는 소리를 듣습니다
그들이 우는 소리를 필경은 들을 것이고
그리고 도시의 앙상한 가로수를 흔들고
가로수들이 마르게 마르게 소리하는 것을 들을 것입니다

가을의 말 3

마른 벼 잎도 벼 잎으로 남아 있지 못하고
베어진 논두렁에서 달빛이 남아 뒤를
따르고 달빛이 남아 뒤를 따르고 달빛이
남아 길 잃은 사나이의 뒤를 따라가고 있다
그렇게 그 사나이가 가고 또 다른 사나이가
올지라도 마찬가지로 달빛은 따라가고 있다
아아 이토록 한없는 달빛과 사나이들의 관계여
개선하고 유지하라 개선하고 유지하라
바람은 점점 멀어가고 그리고 그대 가는 길의
밤도 멀고 기다림이 사나이를 위대하게 할지라도
걸어가라 일정은 끝나간다 가난한 자의
달빛이 이렇게 끝나간다

雪夜 1

하늬바람 불고 눈보라 치는 밤 그이는
하마 취비강을 건너갔을까 보내는 이들이
밤을 설치며 그리는 그 얼굴 그 눈동자가
가슴에 불붙어 타오르는데
그이는 수많은 露頭를 건너서
바람과 눈보라를 헤치고
무사히 자유에 발 디뎠을까
슬퍼라 어둔 지방의 인내를 버리고
사나이들은 사랑을 찾아 고단한 육신으로 산과 내를 건너가는데
밤 물길을 끌고 지친 화적패처럼 건너가는데
음산한 지방을 물들이면서 말을 버리고
내리는
눈 눈 눈
눈이여
오만 가지 죄의 모습과 인욕을 씻고
가는 이의 사랑을 따라나서는 길을 마련하라
구석구석이 거짓으로 가득한 밤
우리는 거짓에서 배어 나오는
암흑을 보며 암흑 속에서 승냥이처럼
울부짖는다 울부짖음이 암흑 속으로

사라져 암흑이 되어 돌아온다
암흑이 우리를 둘러싸고
우리를 눈보라 속으로 몰아간다

비가

흔들리고 증오스런 달빛이 확신의 지방으로 흐르는
밤에 우리들은 무슨 까닭으로 깨어 있었던가
우리들은 그를 사랑했던가
아니다 이제는 버릴 수 없는 쓸쓸한 밤이여
외로움이 그를 가게 한 뒤로 밀려드는 눈물의 안개
그리고 堤坊을 타고 오르는 파도 소리
소리는 더욱 크고 높게 울부짖는다
우리들은 흙바람벽을 짚고 일어선다
창밖에서는 비바람을 실은 소리들이
심하게 지붕을 두드리고
한 줌의 희망도 없이 두드리고(우리 귀를
우리의 소리에 잠들게 하고)
보아라 칼 아래 잠든 밤이여
사랑의 아름다움을 알고 바라던 밤이여
소리가 지날 때마다 사방은 해초처럼 설레고
마음이 심하게 흔들리기 시작했으므로
이제는 진정하여야겠다 확실한 많은
시간들이 기다리고 있을 테니까 그때를
위하여 슬픔을 버리고 헛된 눈물을 버리고
흐느끼는 듯한 진실을 만들어야겠다

가만히 흔들리는 바다로 바다로 가
일대를 조용하게 할 질문을 들어야겠다
먼 현실로 돌아가 내가 나일 수 있다면……
나일 수……
있다면……

우리들의 歷史

아버지가 사랑하였던 금발머리의 엘리자베스처럼 참으로
사랑인 자유여 우리들은 너희 아름다움 때문에
감방의 창틀에서 신음하며 노래한다
한낱 書生인 내 아버지가 발견한 엘리자베스
너희 생활과 지혜 너의 금발의 광휘로움
팔월 하늘을 흔들던 환희 속에서
바다 먼 나라의 신선한 내음을 풍기며
이 층 계단에서 내려오듯이 속도 있게
우리들에게로 걸어온 여인
그의 볼륨 있는 목소리와 걸음걸이
우리들은 그의 말을 배우고 걸음걸일 배우고
자유를 배웠다 그는 말하였다
아름다움은 자유다라고

바람결에 날리는 수많은 머리칼 같은
어머님의 수심 속에서 자라나
우리들은 안개 깊은 새벽길과 한밤중 그리고
짐승들이 사방에서 울부짖는 암흑의 문턱에서 외치고 있었다
오오 위대한 힘이여 아름다움이여 덕성이여
모든 창조를 가능케 한 자유여

거짓과 공포의 사슬을 끊어라
봉건의 관습을 깨뜨려라 열렬하게 사랑을,
사랑을 포옹하라 사랑은
우리들의 우리이며 세계이다

그런데 아름다운 엘리자베스여
사랑은 사실 싸움이 아니었던가
버림받은 어머니의 리어카 소리가
새벽마다 우리들의 잠을 깨우고
우리들의 의식을 털털털 밀고 가
한 하늘과 한 세상의 목마름을
나누어 지니면서 벌거벗은
몸뚱이를 끌어안던,
원한의 모습이 아니었던가
아버지가 사랑하였던 금발머리의 엘리자베스여
우리들은 이제 비로소 원한 속에서 뇌수 깊이
어둠의 씨를 심고 키운다 어둠을 지키며 신음한다

겨울의 사랑

겨울의 뒤를 따라 밤이 오고 눈이 온다고
바람은 우리에게 일러주었다
리어카를 끌고 새벽길을 달리는
行商들에게나 돌가루 냄새가
코를 찌르는 광산촌의 날품팔이 인부들에게
그리고 오래 굶주릴수록 억세어진 골목의 아이들에게
바람은 밤이 오고 눈이 온다고 일러주었다
바람은 언제나 같은 어조로 일러주었다
처음 우리는 이 말이 무엇을 뜻하는지
알지 못했으나 반복의 강도 속에서
원한일 것이라고 여기게 되었다
원한은 되풀이 되풀이 되풀이하게 하는 것이다
벌거벗은 여인을 또다시 벌거벗게 하고
저녁거리 없는 자를 또다시 저녁거리 없게 하고
맞아 죽은 놈의 자식을 또다시 맞아 죽게 하는 것이다
그리하여 언제나 피비린내가 그칠 날이 없게 하는 것이다
아아 짓밟힌 풀포기 밑에서도 일어나는 바람의 시인이여
어쩌다 우리는 괴로운 무리로 이 땅에 태어나게 되었나
어쩌다 또다시 칼날 앞에 머리를 내밀고
벌거벗은 여인이 사랑을 말하려고 할 때

잠자리에 들려고 할 때
사랑이 그들의 머리칼을 창대같이 꼿꼿하게 하고
불더미 속에서도 죽지 않는 영생으로 단련하는 것같이
단단하고 매몰차게 세상을 살아야 한단 말인가
아아 바람의 시인이여 이제야 우리는 알겠다
그들의 골수 깊은 원한이 사랑을 가지게 한다는 것을
쇠붙이는 불길 속에서 단련되어진다는 것을
바람은 그것을 밤이 오고 눈이 온다고
말하여주고 있는 것이다 그렇게 겨울의
견고한 사랑을 말하여주고 있는 것이다

웃음소리

안개를 가르며 우리들은 지붕과 가로수가 젖어 있는
거리를 지나 지친 걸음으로 걸어갔다 자욱한 무적 속으로
걸어갔다 거리의 너희들은 모퉁이에서 우리를 부르고
너희들의 풍요한 웃음으로 맞아주었다
우리들은 우리나라의 선원다운 힘으로 껴안았다
금발의 엘리자베스여 그때 너는 나에게
입 맞춰주었던가 너희 금발로 감싸주었던가
금발이 흘러내리고 낡은 베드가 삐걱거리고
그리고 숨소리 뜨거운 숨소리
우리들은 흔들리었고 흔들리면서
아메리카의 동해안에 도착하였다
밤이었다 어려운 안개가 흐르고 지붕과 가로수가
젖어 있는 거리를 가르며 우리들의 비명인 무적이 울고
아아 떠나고 도착하는 사람들의 흔적 속에서 이뤄지는 무적이여
우리들의 어깨와 두 다리로 흘러내리는 무적이여
우리들은 무적을 가르며 삐걱이는 층계를 지나
어둔 거리로 들어갔다 안개 속으로 들어갔다
이제 너는 잊어버렸을 것이다 그런데 엘리자베스여
나는 너를 생각하면서 더러운 술집에서 잔을 들고 있다
왜 생각하는 것일까 헤어지면서 뒷덜미에서 웃던 웃음소리

웃음소리 때문일까 웃음소리는 나를 밀고 어두운
안개 속으로 들어갔다 말들이 안개 속에 있었다
너를 사랑하는 비열한 내 나라와 내 어머니 그리고 내 이름

불

링 위의 알리처럼 두 눈을 부릅뜨고
우리들은 사랑의 어두운 자유를 누린다
타오르는 저 불꽃 창밖의 비바람 소리 비바람 소리
나는 난로 속에 장작을 집어던지고
솟아오르는 불길에 마음을 태운다
두 눈이 타고 손발이 타고
벌건 손으로 유리창을 쓰다듬으면
바람 치는 지방의 여린 가지들이 사납게 휘나부끼고
이 빠진 문이 사방에서 덜컹거린다
어느 곳에도 덜컹거리지 않는 곳이 없고
어느 곳에도 바람 닿지 않는 곳이 없다
나는 불길로 사랑으로 너를 쓰다듬는다
불타는 입술로 너를 입 맞춘다
다시 없이 뜨거워지는 몸
어떠한 바람에도 뜨거워지는 몸
아아 사랑의 불길이여 타올라라
거세게 우리들의 마음을 태워라
불꽃 속에는 불이 있고 사랑 속에는 씨앗이 있다
장작을 태우는 불길의 뜨거움이
이제는 사랑하는 우리들이고

사랑하는 우리들이 세계에 대한 불이다
모든 사람의 모든 불이다

우리들은 무엇인가

칼날의 댓닢이 밤에도 자지 않고
흔들리는 것을 보고 있다 달빛의
신경이 흔들리는 것을 보고 있다
여기저기 떼 몰려 가고 있는 아우성을
들으며 유배의 꿈을 부르는 우리들은
우리들이 무엇인가를 보고 있다
우리들은 무엇인가 우리들은 무서운 칼날이고
무서운 칼날이고 무서운 칼날이 아닌가
밤의 능구렁이같이 한 걸음 한 걸음
가슴과 목덜미 눈과 입술가로
부정의 손을 쓰면서
욕망이여 이제는
잠든 지방을 흔들어라
번쩍이는 날로 사방을 베어라
우리나라의 대밭에는 말 못할 소리가 내려 있고
부정의 울부짖음이 있고
우리들은 우리의 무뢰배처럼
억새풀 속에서 억새가 자라나고
주민들 속에서 주민들이 자라나는 것을 보고 있다
뒤숭숭한 잠결에도 그들이 떨리는
꿈을 꾸는 것을 보고 있다

어둠의 노래

어둠 속으로 들어가 어둠이 된 자
어둠의 빛이 된 자여
한 하루도 한 생명도
새빨갛게 타올라 밤이 되면
어둠으로 돌아가
어둠의 부피를 늘리느니

섬진강이나 영산강 가에서
또 금강 벌판에서
마을을 돌아보며
외쳐 부르던
영원의 길을 간 자
그 뒤를 따르고 따르던 자

아아 우리들의 어둠은 끝없고 끝이 없어라
하늘의 기러기도 대숲의 바람도
소리밖에 아무 모습이 보이지 않는 암흑 속에서
한마음으로 함께 울부짖어도
암흑은 꿈쩍 않고 차올라
암흑을 밀어내어라

아아 암흑 속으로 들어가
이제는 암흑이 된 자
암흑의 빛이 된 자여
한 하루도 한 생명도
새빨갛게 타올라 밤이 되면
암흑 속으로 돌아가
암흑의 부피를 늘리느니

우리나라의 1975년

잇몸이 없는 시린 이빨로
앙상한 가지를 벌리고 서 있는
가로수 밑동을 물어뜯어도
가로수는 아파하지 않고
우리들의 분도 풀어지지 않네

이 발길 그리고 저 돌멩이 돌멩이 길
서남해의 대숲 마을이나 마늘 냄새
매캐한 중강진의 살얼음 속에서도
사람들은 입을 다물고
여윈 손목을 끌어 잡을 줄 모르네

그러나 사람들은 서로 다르나
알아들을 수 있는 사투리로 말하고
끌어 잡지 못하나 그 손으로 일하면서
고난의 시대를 함께 사네

아아 비바람에 씻긴 바윗돌 같은 얼굴
모진 불행을 다 삼키고도 표정 없는 얼굴
그러한 얼굴로 서 있는 시대여

네 완강한 몸뚱이를 잇몸이 없는 시린 이빨로
물어뜯고 뜯어도 시대는 아파하지 않고
우리들의 분도 풀어지지 않네

雪夜 2

기다리면서 긴 밤을 매질하는
처녀들의 머리 단이 밤 허리로
흘러내려가고 피마자 불이
정염을 태우는 우리나라의 겨울밤
마음 울리는 눈발이 하얗게 하얗게 내린다
들까마귀 늪 위에서 빙빙 돌고
음산한 대숲을 울리며 한 달이 차오른다
메추리도 굴뚝새도 날아오른다

두 손을 들고서

강 언덕의 엉겅퀴 숲도 밤벌레 불도
이 밤에는 모두 위안이 되는 영산강 하류에서
멀리멀리 어둠이 흘러가고 어둠이 들을 광활하게 하고
그 누구의 손도 미칠 수 없는 곳으로 두 손을 들고서
막막한 시대를 바라보노라니
저편 산 너머로 구름이 밀려가 쌓이고
주민들이 짚단같이 쓰러져 길게 눕는다

겨울 牛耳洞詩

나는 오늘 적막한 걸음으로 牛耳洞 숲을 걸어가면서 본다
눈이 여린 가지에 내려 쌓이고
길들을 덮고
각각의 사물이 제 자신에로 돌아와
말없이 눈을 맞아들인다
무성한 이파리를 떨어뜨리고 앙상한 枝體만으로 선
겨울 상수리나 가지 새로 울며 날아가는 겨울새나
더 이상 아무 가질 능력 없이 비렁뱅이 신세로
떠도는 도시 유랑인의 마음과도 같이

우리 머리에 내리고
들산에 내리고 흙에 스미는 눈
牛耳洞의 눈이여 우리는 무엇으로 너희를 맞을 수 있을까
저 아름다운 사부랑 눈이라 해도 어떻게 노래할 수 있을까
그러나 눈 위로 걸어가는 우리 발자국이
이미 노래이며 향수임을 누가 부인하며
맑은 공기나 찬바람이 진종일 소나무 숲을
울리어 제 존재를 드러내듯이
눈 속에서 우리 존재가 제 본성을 드러내고
원래 의미를 되살림을 누가 마다할 수 있을까

牛耳洞의 눈이여 나는 걸어가면서 생각한다
우리가 처음 보던 바다와 겨울나무 밤새들
그리고 잠 아니 오는 밤의 불안한 의식 속에서 들은 냇물 소리
그런 시간의 아이들의 순한 얼굴과 아내의 옛 모습
눈과 같은 사람들의 모습

白雪賦 1

몇 번씩이나 철이 바뀌고 殘雪이 들을 덮어도
달라지는 것 없는 산이여
올해도 大關嶺에서는 산사람들이
겨울을 맞아들이면서 자작나무 불을 피우고

얼어 꺾어지는 가지와 가지 나무와 나무 산과 산
하늘에는 별이, 별에는 눈이, 눈에는 산사람들의
꿈이 결빙하여 얼어터지는 소리
그 소리 위로 내리는 밤눈 소리

눈에 보이는 사물들은 모두
제 나름의 소리를 하고
소리들이 모여들어 산을 울리고
가난한 사람들의 마음의
事理를 만든다

언제나 가난하게 하고
언제나 산에서 살게 하는
事理 어리석은 事理

*

이런 밤엔 새로운 기억과 말을 가지고
平原으로 가 밤눈 소리를 들어야 한다

모든 죽어간 사람들의 얼굴을 그리고
그들의 마지막 표정에 새겨지던 고난의 희망을
생각해야 한다

그리고 또 이런 밤엔
거리에서 방황하는 사내와 옥중 죄수들
그들의 경험 속에 내포된 벽지의 술집 여자 눈먼 아이
그들의 눈과 발 그들의 아픔

그밖에도 그들의 것으로 인식되어지지 않는 경험이
우리들에게서 사랑으로 변하는 것을 확인하고
그 사랑의 밤으로 한 걸음 한 걸음 걸어가야 한다

사랑이란 있으면서 없는 것
짐승과 인적이 지나도 하얗게 雪原은 열려 있는 것

*

근육이 튼튼한 사내들이 밤거리를 헤매는
척박한 식민지 밤 눈이 내리고
民家의 불빛 따뜻한 모습으로 길을 비춰주는데
끝 없구나 살아서 걸어가는 길
친구도 이웃도 형제도 나를
문밖으로 밀어내어
유랑의 무리로 밀어내어
홀로 걸어가게 하는 길
이다지도 자욱한 눈 속을
걸어가게 하는 길

어느 강가에서 어느 벌판에서
우리들의 유랑은 끝날 것인가
눈뜨지 못하는 넋들이 한마음으로 모여들어
어느 강물이 되고 바람이 되고 폭설이 되어
가지도 지붕도 없이 넘어뜨릴 것인가
걸어가거라 陳勝의 넋이여

근육이 튼튼한 사내들이 밤거리를
헤매는 척박한 식민지 밤

白雪賦 2

눈 오는 길로 新婚의 사나이들이 걸어와 神을 부른다
살기 어려운 삶을 이어가면서 수치스런 석 자 이름을
부른다 앙상한 상수리 가지도 꽁꽁 언 이랑들도
추억밖에 가진 것 없이 벌거벗겨진 겨울목에서 그들은
그들의 어머니 이름을 부르고 애인 이름을 부른다
언 아이들의 손을 잡고 派戰越士들이 그들의 영광스런
전장을 노래하듯이 노래한다 아아 이름이여 노래여
이름이여 노래여 눈발같이 흩어진 것들을 주우러
겨울새들이 온다 시베리아에서 불어온 하늬바람에 싸여
서릿발 같은 서릿발 같은 새들이 온다 눈이 온다

눈

 눈이 내린다 서울에서도 그중 순결한 눈을 맞으며 수유리 숲길을 오르면 우리들 정신은 눈이 되어 허공에서 내려와 허공으로 돌아간다 펑펑 내리는 눈이여 우리들이 밟고 가는 눈이여 거부로 들끓는 한 사나이는 피 어린 언어를 토해내지만 칼끝을 걸어가는 아픔을 가지지 못한 언어는 칼끝에 결코 미치지 못한다 언어는 칼일 수 없다 녹아서 지심 깊숙이 스며들어 사물의 뿌리를 축이는 눈이여 너희는 우리의 정신을 순결하게 세척해주지만 거부로 끓는 우리는 거부로써 씻어지지 않는다

떠난 자를 위하여

오늘도 먼 데서 밤은 함뿍 내리고
바람마다에 우거진 숲이 부우연 머리를 흔드는데
손 하나 허공에 뻗을 수 없이 적막이 내린다
내리는 적막 속에서 여인들이
떠난 자를 그리는 슬픔으로 허리를 구부리고서
물 위에 밀리는 달빛을 보고 서 있다

風景

구슬픈 소리 물 위에 가득한 길 위에서
바라보라 떼 귀신 들려 도망간 누이의
흔적이나 찾듯이 눈물 흘리며 들로 나오신
어머님의 외로 돌린 머리가 바람에 흔들리고
장다리꽃들이 흔들리고
장다리꽃 너머 연옥으로 끌려간 사나이
사나이 사나이들이 노곤한 失意 속으로
잠겨들어가는 것을 보아라
보아라 이제는 失意만이 봄 하늘에 가득 찼노니
이제는 장다리꽃만이 햇볕에 노곤하게 흔들리노니

浮浪者들의 노래

우리나라의 길 위에서 자라고
그 길을 통하여 客地를 헤매는
浮浪者들의 풀리지 않는 몸을
부드러운 빛으로 물들이는 것이
별인지 어둠인지 알 길 없는데
오늘도 검은 우리를 빠져나와
비틀거리며 가는 너의 모습
어느 누가 고통 없이 나날을 살 수 있겠는가
일하고 술 마시고 싸우다 쓰러져
사립을 밀고 새벽길로 나서면
나무에 바람에 걸려 울리는
밤바다가 밀어오는 소리
지친 사나이들의 발걸음 소리
길마다 어둠이 멀리 뻗치고
잡초들이 음산하게 흔들리는데
오늘도 걸어가야 할 너의 길은
몇십 리냐 몇십 리 걸어야 끝이 나느냐
무거운 발을 끌고 어둠 속을 가는
울한의 사람아 우리들의 사람아

農夫의 아내

　개들이 컹컹컹 짖고 영산강 물이 흘러간다 농부의 아내가 달려간다 어두컴컴한 저녁 빛 속에서 그의 질주는 흔들리고 억새의 물이 천 조각 만 조각 찢어진다 늙은 농부가 들에서 돌아와 어둠 속으로 눕는다 우차가 둑 밑에 뒹굴고 쇠스랑도 뒹굴고 올해의 버린 벼들이 휘어지면서 가뭄의 타는 냄새를 풍기고 해충들이 무성하게 달빛 속으로 날아오른다 달빛 속으로 농부의 아내가 올라간다 달빛은 들판같이 말라 벌어지고 거세게 암내 낸 개들이 컹컹컹 짖고 억새의 물이 천 조각 만 조각 또 찢어진다 늙은 농부가 설렁이는 잠 속으로 돌아누워 일대가 사나워지는 것을 본다 잠의 머리맡에서 반사하는 내일을 저만치 밀어버리고 내일의 부정스런 심연으로 빠져들어간다 내일의 우차가 뒹군다 내일의 아이들이 운다

사방의 상수리처럼

잠시도 쉬지 않고 떨어지는 벌레를 짓밟으면서
저문 들판의 상수리 아래서 여인은 쭉정이를
쓸어 불탠다 한 해의 덧없는 수확을 불탠다
저녁이 신작로 끝으로 몰려 들어가고 흐려져가는
가을날의 기대가 사방에서 상수리처럼 흔들리고
거년의 가뭄에 잃어버린 들녘의 곡식이 굶주림같이
지나간다 아이들이 잠 속에서 꿈틀거린다 모든 밤이
날이 선다 여인이 부동으로 선다

降雪의 詩

이윽고 눈과 함께 雪夜가 우리를 찾아오리라

그곳으로 어서 빨리 나는 가야 한다 그 깨끗한 것들을 지켜야 한다 그래서 걸음을 울리며 가고 있다
염소들이 울고, 어머님의 과로가 가축을 부르며 언덕을 넘어가고 빈 들을 돌아오는 울음소리 울음소리 들리는 곳으로 가고 있다

아아 울음 속에 명철이 흐르듯이 어머님에게로 사는 발자국들이 눈 속에 살아 있다
삼나무 가지를 흔드는 어머님의 미련에 빛나는 생활이 살아 있다

살아라 살아라 살아라 어머님의 생활이여
화답할 수도 없고 들을 수도 없는 겨울의 들녘에서 살아라 살아라 생활이여

가축을 부르며 당신의 과로가 가듯이, 늙은 순례자들이 가듯이
우리들의 소리도 이제는 따라서 그 들녘으로 가고 있다

細石平田에서

진종일 내린 비로
말갛게 씻긴 細石平田의 별들이 빛난다

침엽수들이 부우옇게 머리를 들고
일어나고 밤새들이 소리 없이 날아간다

갖은 생각을 버리고 앉는다
세상이 장려하고 고요해진다

밤마다 오가는 이들의 슬픔을
속속들이 슬퍼할 수 없는 雜木 숲에

봄 여름 갈 겨울이
차례로 내려앉는다

獨白

어두워지는 도시를 버스를 타고 달린다
피곤한 몸으로 달린다 아직도 아침과 같이
일들은 저쪽에 쌓여 있고 내일도 내일의 깨끗한
어둠도 어둠 속에 쌓여 있다 우리들은
어둠 속으로 달리는 차와 함께 달린다 어둠이 넌지시
손을 들고 있다 어깨를 펴고 우리는 그곳으로
갈 수 있으리라 도대체 우리는 무엇 하려고 사는가
잠 속에선 무엇이 우리를 구원해줄 것인가라고
물어볼 수도 있으리라 허나 누가 대답해
줄 것인가 잠은 말을 가지지 못한 것을 말은
달리는 버스 속에, 질문하는 자의 슬픈 질문 속에
불치의 환자처럼 누워 있는 것을

유리창 앞에서

우리들 삶의 소란스러움은

거리와 시장 언저리에서 떠난다

그리고 그 시간의 어머니들의 머리는

어느 때보다도 빛나고 요란스럽다

그리하여 밤으로 달려가고 있는 제 家庭의 슬픔을

벗어나려는 여인들이여 허리 구부린 여인들이여

나는 오늘 별들처럼 총총하고 싶어서

없는 유리창의 유리를 닦고 있다

이슬방울

이슬
방울
속의
말간
세계
우산을
쓰고
들어가
봤으면

假花 장수

處容의 審美眼처럼 푸르게 빛나는 志鬼들을 밟고 종일 가면
나란히 닫힌 문 앞에 달빛이 흘러내리고 匕首가 흘러내리고
한 번도 본 적이 없는 푸른 뱀들이 흘러내린다.

그리하여 뱀들은 파아란 목덜미 목덜미 우리를 죽이는 목덜미

한때의 혼란이 요란한 슬픔을 데리고 와 울음마다
파아란 등불을 쓰고
멀고 먼 사건처럼 우리들의 발밑에서 쓰러져간다

그 무렵이면 텅 빈 거리
사나이들의 발밑에서는 사그락거리는 소리가 나고
나무가 철망 너머 흔들리고 일제히 싸아늘히
밝아지면서 街路燈이 달을 부른다

달이 떠 있다

작은 마을에서
(1964~1982)

詩

나의 시가 말하려 한다면
말을 가질 뿐 산이나 나무를
가지지 못한다 골목도 가지지 못한다

등불이 꺼지고 우리들이 깊은
어둠 속으로 들어가 불을 피우는 동안
불길이 타올라
불의 벽에 서리는 그림자들의
꿈이여 빛이여

바람 소리 어둔 벌에 꽉 찬 영산강을 따라
걸어가고, 찢어지는 소리로
강물이 하늘의 마음을 울린들 어느
누가 낮은 가슴으로 울 수 있으리오
침묵인들 어떤 음조로 울리오

지옥의 기슭에 비 내리는 밤
나무들이 젖고 산이 젖고 주정뱅이들이
골목에 쓰러져 있으니 무덤들이 젖고 있으니

밤나라

긴 여름, 산 백일홍이 수다스레 피어나고
바다가 타올라 바알갛게 山色을 물들이면
가장 높은 곳으로 우리들은 올라가
얼마나 나무가 되려고 했던가
별이 되려고 했던가
자라는 꿈을 키우면서
"여보게 술을 마시세 술을 마시세
마시다 취하면 밤을 걸어가세
끝없이 헤어진 밤을 걸어가세"라고 하면서

그러나 밤은 보이지 않는 나라
사랑이 없는 나라
밤은 불이 그리운 나라
고통스러운 나라

스테그플레이션이라나 뭐라나 한
현상 속에서 물가가 춤추듯 뛰어올라
벼랑을 때리듯, 숨 막히는 파도로서 물결이 그렇게 때리듯,
그러다가 나자빠지듯,
밤은 시나 쓰며 살아야 할 나라
고통스러운 나라

불빛을 그리워한다

바가다 우는 여드렛날이면
바람이 세어지고 여자들이 피 흘리고
봉오리마다에 이슬이 서려, 강안도
대처도 어둠에 잠겨 불빛을
그리워한다 땅끝 멀리 있는
불을 바라보며 불을 바라보며
살아가는 사람들의 속이
싸늘한 외로움이여

겨울 初入

시끄러운
발소리가 높아지더니
멈추고 저녁 햇살이 서녘으로
몰려간다 隱花植物이 무럭무럭 자란다
불고기와 야채, 샐러드, 나이프가 야릇한
광채를 머금은 채로 식탁 위에 있고 조간신문과
장갑도 그 위에 있고 알맞게 교회 종소리도
유리창을 울리고
있다
길들이
사방팔방으로
색깔과 속도의
조화를 이루면서 흘러가고
있다 가을이 가고
있다
오하이오에서 부평에서 文幕에서
뿔뿔이 흩어져, 누이들이 공기를
들이마시며 우리나라를 사랑하는
가을! 봉재 인형 속에 사랑을 새기는
가을! 서른 고개를 넘어 넘어

열매들이 떨어지는 쓸쓸함으로
이 골목 저 골목 기웃거리다가
겨울 初入으로 들어가는 수염이
더부룩한 사내들의 가을!
제3 제4의 가을!

詩는 어디에

물질하는 해녀들의 무지개같이 눈부신 시인들의 꿈속에서
시는 사라져 이미 자취 감춘 지 오래다 심지어는 이성부의
가장 좋은 시 속에서도 시는 흔적을 남기지 않았다
그는 머리 비듬 하나 떨어뜨리지 않았다고 괴로워하는 걸 본 적이 있다
그렇다면 시는 어디에? 시는 하늘에, 바다에, 나무에?
두 손을 흔들면서 노래하는 윤시내의 노래 속에?
아아 시는 이제
춤추고 노래하는 그들의 소음에 섞여
거리로 흐르고 강과 들로
사라져갔는가 부서진 도시로 갔는가
우리들이 겨울을 기다리는 동안에
겨울의 울음을 듣고 있는 동안에……

바람이 이는 밤
별빛 가득 받은 나무들이
말하지 않는 거리를 걸어가는
이들의 숨소리 들으며,
하늘에서 울리는 말 중에서도
가장 아름다운 소리로

말하는 것 들으며

나무들이 눈을 기다리고 봄을 기다리고 사라져간 소리를 기다리는 것 들으며……

적벽가

어둠 둥둥 울리며 적벽가를
부르는 임방울이거라
어느 봄 줄행랑친 그의
여편네거라 새끼들이거라
바람이거라 별이거라
산 그림자 달리는 저녁답에서
풀뿌리 뜯으며 소리 지르는
소리들이 지심을 울리어 터져 나오는
울음이거라 웃음이거라 눈물을
뿌리며 뿌리며 적벽을 올라가는
둥둥 둥둥 북소리 속에서 올라가는
임방울이여 우리, 임의, 방울이여 방울이여

겨울 精緻

큰 나무들이 넘어진다 산과 산 새에서
강과 강 새에서 마을 새에서
길을 벗어난 사람이 어디로인지 달리고
길러진 개들이 일어서서
추운 겨울을 향하여 짖는다

한 방향으로 흐르는 작은 강을 따라
우리들은 입을 다물고 걸어간다
저녁 그림자처럼 걸어간다 마을도
나루터도 사라지고 과거도 현재도
보이지 않는다 날아가는 새들의
불길한 울음만 공중에 떠돌며
얼어붙은 겨울을 슬퍼하고

언덕도 상점도 폭설에 막히고
거리마다 바리케이드 쳐져
사람들이
어이어이어이 울부짖고
갈색 옷을 입은 사내 몇, 들리지 않는 소리로
진정하라고 말하고 또 다른 소리로

진정하라고 말하고 그 소리들이 모여
겨울나무를 넘어뜨린다

꽁꽁 언 새벽 여섯 시, 地靈처럼 걷는
사람들 새로 우리들은 걸어간다
살얼음의 아픔이 여울마다 일어나고
흰 말의 무리가 하늘의 회오리 속으로
경천동지하며 뛰어올라 갈기를 날리고,
우리와는 다른 방향으로 일단의 사내들이
사냥개를 끌고 온다 개들이 짖는다
이제는 얼어붙은 우리들의 꿈이여
눈과 같은 결정체로 三韓의 삼림에 내리어오라
기다리는 노변에서 상수리 숲도 우어이우어이
울고 겨울새도 울고 우리도 울고 있다

詩

눈이 지천으로 오는 밤에 시를 써야지
머리를 눈에 박고 써야지
눈 속을 걸어가는 사내 몇
불을 찾는 사내 몇
겨울 까마귀 몇
죽은 자들도 이런 밤엔 불을 찾아
몇 날이고 몇 밤이고 언덕을 넘겠지 그들의 목소리가
벌판을 헤매겠지 그들의 불을 찾으러? 꿈꾸는 불? 붉은 불? 그 불 속에
밤차가 달리고 겨울 까마귀들이 공중을 떠돌겠지
—겨울 까마귀가 중부 지방엔 없어요, 여보
중부 지방이 아니야 내가 말하는 건…… 남부 지방이야
나는 그 살도 뼈다귀도 안다 바람이 그들 소리로
하늘을 울리는 걸 안다 당신도 그걸 알았으면 좋겠어
아이들도 이웃도…… 그 나라의 하늘로
머리를 빗겨내리며 불빛 속에서
마음을 드러내고
어머님이 나를 보시듯, 그래 어머님이……
오오 떠오르는 어머님이여
그날 저녁 우리는 어둔 거리를 헤맸습니다

세종로 우체국 옆 담배 가게에서 술을 한 갑 사고, 거스름돈을 받고, 어느 술집으로 들어갈까 망설이면서 거리 끝까지 걸어갔댔습니다

새 섬

바다 갈매기들은 산 그림자 새를 빙빙 돌며 눈부신 비상을 햇볕 가득한 바람에 적고 있었다.
한 해 두 해 그들은 그들의 비상을 적었다
날기 어려운 바람이나 海霧 속에서도
그들은 힘껏 날개를 펼치고
이 하늘 저 하늘 가로지르며
끼룩끼룩 말하고 숨 쉬고 노래하더니
어느 날 은은한 빛으로 비쳐오르는
한 기쁨 섬이 되어 西南海 위에 솟아올랐다
어두운 바다가 밝아오는 섬이 되어 솟아올랐다

해일

햇빛 속으로 지나갔다, 검은 물체가
온 숲이 흔들리고 웅덩이의 검은 물도
흔들렸다 보이지는 않았으나
검은 물체는 한 마리 날쌘 표범
같았다 수분이 지난 뒤
표범의 뒤를 따라 시위가 공기를
뚫고 어둠 속으로 어둠 속으로 날아가
산맥을 울리고 한밤중마다
여린 귀의 바다를 울려댔으나
깊은 바다의 부르짖음을 울리지 못했다
부르짖음이 홀로 진동하여
어느 날 무섭게 땅을 가르고
사나운 파도로 달려가,
어떠한 법도 없이 달려가,
다름없는 골목과 하늘에 이르러,
솟아오르리, 우리들은, 파도여,
너무나 가파로운 파도여
그날이 한 세상과 다른 세상의 지옥이라 해도
비록 새날과 같은 시푸런 빛줄기라 해도

취한 화가

전람회 그림도 썩은 신문지도 길바닥에
찢겨져 심한 외로움으로
빛을 발하는 하늘 아래서
도토리나무 아래서
가난뱅이들이 둘러앉아 떠드는 산 1번지
통장 가게 앞이나 네거리 술집 같은 곳에서
묵은 지폐처럼 말들이 날린다
갈색 옷을 입은 사내 몇 왔다 갔다 하고
탁자 위 나무젓가락, 김치깍두기, 반쯤 빈
소주병, 철거당한 그림

그림 속의 세상이 하나하나 그림에서 벗어나
불빛이 들어오는 시간 속으로 들어간다 말들이
앙상한 말들이 서성거린다

비가 많은 인수봉 쪽으로 나뭇잎이
무시로 져 내려 추운 살을
드러내고 날아가면서
헤헤헤 헤헤헤 웃는다
웃으면서 말한다

―그림쟁이 아냐 이게? 술에 떨어지니 그놈의 콧대도 꺾어져 편안하게 되었군!

미장이

끈질기게
일생을 미장이 일과 싸우다가,
이런 싸움을 뭐 할 게 있느냐는 듯,
허무주의자처럼 어느 날 갑자기
그는 죽었다
손발이 길어 보였다
로만 칼라를 세운
주정뱅이
늙은 신부가
우리 곁을 떠나는 그를 용서하고
그에게 진 우리 죄를 용서받으라고
기도할 때도 가타부타 없이
그는 그 자리에 누워 있었다
노랫소리 들리고 상주들이 울고
골목을 빠져나오면 은행나무 푸른 잎
아이들이 십여 명 오비 베어스 모자를 쓰고
야구를 하고 차들이 비켜서라고 빵빵거리고
그래도 그는 전에 없이 완강하게
음산한 독재자처럼 누워 있었다
꼼짝달싹도 하지 않았다

한겨울의 꿈

소나무 숲이 천둥 소리를 내며 넘어지고
밤 폭설이 내리고
꽁꽁 언 내를 건너서 우리들이
산 밑 마을로 가고 있을 때
짐승들이 울고
더욱 기승스럽게 짐승들이 울고
눈에 묻힌 짐승들이 마침내 시야에서
사라지는 꿈을 꾸고 있을 때
불안도 굶주림도 그곳에서는 모두
땅에서 솟아오른 무성한 나무 같았지
바람에 흔들리는 나무 같았지

겨울의 말

1. 눈의 그림자

　조용히 맞아들여야지 숨소리 하나 없이 겨울이 가슴을 여미고 서울의 뒷산 道峯에 내려 나에게 내 아내에게 물끄럼한 얼굴을 하고 있을 때 겨울이 더러운 그리움을 쓸고 남루를 쓸고 검정 연탄과 구정물까지도 쓸고 살인과 방화까지도 모두 다 쓸어버리고 속죄양인 양하고 있을 때
　나는 맞아들여야지
　문을 열고 마음으로 마음의 심연으로
　달빛이 황홀한 바다를 건너서 그들이 오고 가게 해야지
　이삼 일 후면 헐리게 될 판잣집 문을 지나
　세상 모든 길을 따라 세한을 걸어가게 해야지

2. 첫눈 내리는 아침

　춥고 추운 세상, 지리산이라든가 설악산 우리나라 서울
　가로수 많은 거리에서는 바람이 신명을 다해 달리고
　떡갈나무 빛 피를 흘리며 새들이 가고 있다
　남으로 북으로 또 다른 곳으로

11월 아침, 마당에는 가득가득 눈이 내리고
골목길에도 눈이 덮였다
어떤 부정의 발자국도 나지 않았다

병아리같이 보드라운 아이를 안고 아내가
커튼을 걷고 유리창 너머로 눈을 보고 있다
추운 날이에요 옷을 든든히 입고 가셔야겠어요
라고 하면서 그의 세계를 쓸쓸한 눈으로 보고 있다

겨울의 빛 1

 일월달 내내 폭설이 내렸다는 중부 지방에서는 30층 건물이 꽁꽁 얼어 동장군이 되었는가 하면 소리도 빛도 사람도 얼어붙어 아침과 저녁으로 이상한 빛을 발했습니다 하얀 아이나 그의 어머니가 걸어 감직한 빛이었습니다 꿈결 같은 빛이었습니다 외국 손님 한 분이 그 빛을 받고 어제 아침 우리나라에 와, 우리들은 연변으로 나가 환영했습니다 개들도 꼬리를 흔들었습니다. 때마침 함박눈이 만국기처럼 펄펄 내려, 손님은 함빡함빡 웃음을 웃고, 웃음만큼 쓸쓸하기도 했던 우리들은 그날 밤 술을 마시고 서벌을 걸었습니다 걸어가다가 돌아왔습니다

겨울의 빛 2

지난겨울, 남행 열차를 타고 여행을 떠났다 마침 창밖에 눈이 내리고 있었다 건너편 의자에 앉은 아이들이 좋아라 눈길을 밖으로 보내고, 외국인 부부도 내가 알아들을 수 없는 말로 씨부렁거리고, 눈을 평범하게 볼 줄 아는 시골 아낙 서너 명도 그네다운 눈짓으로 유난히 아름다운 눈이란 시늉을 하고 있었다 아마도 그 열차에 소나 말이 타고 있었더라도 소나 말도 두 발을 들고, 소리질렀을 것이다 그러고 보니 그 열차는 예사 열차가 아니고 기쁨의 열차인 것 같았다 기쁨이 눈처럼 내리고 있는 것 같았다

풍경

그날 우리들은 빠른 걸음으로
허겁지겁 언덕을 올라갔다
소금기 섞인 바람이 오고 있는 서남쪽으로
염전의 수차들이 빈 바람에 돌고
바다 건너 섬들이 오돌오돌 떨고
하늘에서는 눈이 내리고 새들이 날고
키 높은 나무 아래로 새들은
희고 길게, 영산강보다도 섬진강보다도
갑오년에 굶어 죽은 비렁뱅이 너털웃음 소리보다도 길게
내리고, 구름을 빠져나온 검은 물체가 빠르게
그림자를 떨어뜨리면서 지나가고, 모든 배의 돛이
바다 쪽으로 펄럭이는 언덕에서 우리들은 보았다
눈에 묻힌 겨울이 드라클로와의 풍경처럼 엎어져 있었다

밤

성철 스님이 정랑으로 갈 때
그의 마음에 떠도는 무진장한
허허벌판 이 끝에서 저 끝으로
빈틈없이 자라난 쑥니풀을 뽑으며
한 걸음 한 걸음 걸어가는
그대는 삼라만상의
슬픔을 보았던가, 소백산이라던가
태백산 기슭을 타고 내리는 빛줄기를
보았던가, 언덕에서 보았던가
골짜기에서 보았던가, 보리수 아래서
보았던가, 붉던가 푸르던가 검던가
혹은 백골이던가 중대가리던가
산길을 타고 가는 그대 눈길에서
떠도는 허허벌판 비렁뱅이 벌판
괴롭고 괴로운 벌판에서 미쳐
날뛰는 그들은 웃었던가 울었던가
살아 있던가 죽었던가
한 줄기 어둠이 되어 어둠 속에서
날뛰는 그들은 나뭇잎처럼
떨어지면서 떨어지면서……

저녁 바다와 아침 바다

광산촌의 여인은 보고 있었다 물에 뜬 붉은 바다
날빛 새들이 날아오르고 물결에 별들이
씻겨져 제 모습으로 가라앉고
상수리가 한 그루 흔들리고 있었다
키 작은 사내는 밤새도록 술을 마시다가
일천 피트 어둠 속으로 사라져갔으나
가도 가도 막막한 어둠뿐 모두 다 뜨내기와 갈보뿐
낡아빠진 궤도차가 달리는 길목에서
어허와어허와 궤도차가 달리는 길목에서
우리들은 밤새도록 술을 마시고 젓가락을 두들기며 노래
불렀으나, 신참내기 전도사도 노래불렀으나 가슴의
멍울은 풀리지 않고 싸움도 끝나지 않았다
보이지 않는 슬픔만 달빛이 내리는
나무 그늘이라든가 산등에서 아주 낮게
흘러내리고 어떤 적의도 없이 흘러내리고
밤이 가고 아침이 오고
새들 무리가 무의미하게 날아오르고
물결에 흔들리는 여인의 얼굴 위로
오만 잡상이 흔들리고 있었다

무슨 착각처럼

무슨 착각처럼
희뜩희뜩 내리는 눈이여
캄캄한 밤의 눈이여
구파발이라든가 오류동 천변의
검은 천막들을 가만히 보고 있는
사람이 있으면 그런 사람처럼
걸음을 멈추고 보아라 지붕도 보고
창도 보고 강아지 새끼처럼
오글오글 잠자는 식구들도 보아라
보면서 마음 아파하지 말아라
울지도 말고 목소리를 높이지도 말아라
내리는 눈 속에서 천막의 모습은 서서히
가리어지고 내일은 그곳에 현대식
아파트가 지어질지도 모른다
그 아파트의 4층이라든가 5층, 6층에서
러닝셔츠를 입고 무심히 신문을 펼칠지도
모른다 그럴지도 모른다 이렇게 격변이
폭죽처럼 요란한 밤, 밖에 나와 하늘을
보고 있으면 쿨룩쿨룩 하늘을 보고 있으면

귀뚜라미 소리

귀뚜라미 소리가 쏙 쏙 쏙 쏙 투명한 하늘로
파고들어가
하늘의 입자가 되고 구름이 되고 비가 되어
떨어져 내리던
가을 초입!

독립투사들이 속속 산으로 바다로 건너오고 상해 임시정부 주석 김구 선생도 그의 막료들과 주석 간으로서가 아닌, 개인 자격으로 서둘러 귀국하다가 김포공항에서 주한 미군들이 나타나 총칼을 앞세우고서 제지하자, 어쩔 바를 모르고 우왕좌왕하다가, 문득, 고개를 들고서 바라보는

눈물의 푸른 하늘
푸른
눈물
의
하늘

어두운 골짜기에서

짐승들이 골짜기로 내려가는 소리와 시냇물
소리, 말발굽 소리 들으면서
갈나무가 숨 쉬는
비탈로 내려갔다
아무도 모르는 새 우리 집은
점령당하고
아이들은 꽁꽁 묶인 채
잠들었다 떨어진 나이프가 번쩍였다
그런 밤엔 아무리 달려도 산이
보이지 않았다 우리나라에서는 어떤
산도 보이지 않았다 산 밑으로 사라진
사람들의 그림자를 그리며 내내
침묵할 뿐

그런 줄도 모르고 옛날엔
훌륭한 삶을 원했지 크고
큰 사랑으로 말을
굴리고 하늘을 날아
사물을 보려고 했었지
해 저문 삼림 속 그윽한 숲길에도

시멘트 바닥에 누운 의지 가지 없는
떠돌이에게도, 그들이 사는 골목과
들판에 어둠이 넘치어 얼마나 심하게
심장이 떨리고 있었던지

오오 보이지 않는 바람에 저리도 많은 날개를 흔드는 나무들이여
어두워지는 나무들이여 그대 머리의 별은 돌아오지 못하는 이들의
눈빛보다 캄캄하고 불에서 출발해 죽음에서 출발해 물속을 달리는
천리마보다 눈부신 나무들이여 우리가 죽고 죽은 다음 누가 우리를
사랑해줄 것인가 누가 골짜기를 거닐 것인가 속삭일 것인가 산보다
깊은 어둠에서 일어나는 나무들이여…… 나무들이여……

새야 새야

새야 새야 파랑새야 노래에 앉지 마라
노래에 앉으면 소리들이 떨어져 사방으로 반향하리니
기쁨 없는 우리나라 어느 골 어느 뫼로 가 슬픔에 신
아낙들의 실바람 같은 마음을 울리겠느냐
새야 새야 파랑새야 노래에 앉지 마라

정방폭포

저녁마다 안개가
아랫도리를 가리는 서귀포에서
정방폭포가 흰 몸뚱이째로
떨어지면서 말하더라
수치스럽다고 말하더라
하늘도 땅도 보이지 않는 천길
벼랑에서 사지가 녹아드는 그리움으로
울부짖어도 별들은 보이지 않고
별의 그림자도 보이지 않는다고 말하더라
밤마다 안개가 아랫도리를 감는
서귀포에서 술을 마시고 욕지거리를 퍼부어도
마음의 깊은 곳에서 울리는 소리
너의 것도 아니고 나의 것도 아닌
소리 들으며 동서남북 소리쳐도
들리는 것은 검은 수면에 일었다
사라지는 물포래뿐 물포래뿐……

'잘사는 세상'

시름 거리도 막소주도 밀어버리고
'잘사는 세상'도 저만치 밀어버리고
짐승처럼 입을 벌리고 울부짖어라 영산강이여
오늘 밤에는 이렇게도 붉은빛으로
타오르는 산이 머리 위에 있고
하늘이 있고 귀를 울리는 바람 소리
잠시 멎었는지 기승스럽게
더욱 마음을 흔드는지 모르면서
밤에서 밤으로 달리는 사랑이
저쪽 들판에, 피로도 적시지 못하는
사랑이 들판에 있다 망나니의 칼 아래
넘어지면서 산 그림자인 양
거기 어둑신히 있는 그대
희망 없는 강이여! 영산강이여!

詩

외로우므로 깊은 불을 지르고
꿈꾸는 놈이 있더라
술 마시는 놈이 있더라
바람 부는 날 바람처럼 마음을
달리는 놈이 있더라
수없이 들판을 휩쓸고 詩를 휩쓸어
그리움을 잃어버리고 그리움을 노래하는,
그래서 그리움이 너무도 푸르게
하늘의 별같이 되어버린,
오오 이제 그의 외로움을
너무도 빛나게 비추어주는
비렁뱅이 같은 詩, 비렁뱅이 같은
그대의 꿈의 빛이여

更作

출발하자 형제들이여 어둠이 다가와 있다
우리 모두 정일의 마을로 가 대지를 갈자
그곳의 밤은 나무들에 깨여 흔들리고
때로는 울부짖으며 사납게 기후를 휘젓겠지
비 내리는 밤이면 나무들은 더욱 흔들릴 것이다
어둠 속에 비를 맞으며 대지에 뿌리를 뻗어 내리는
잡초들의 뿌리 어둠의 튼튼한 뿌리
젖은 강가에서 밤바다에서
비는 나무의 슬픔을 축여주고 축복해
주겠지 그곳에서 우리는 다만 우리만을
생각기로 하자 떠도는 우리 굴종과
야만에 물든 몸뚱이로 얼마나 많은 길을
걸어갔던가 걸어가자 걸어가자
아직도 먼 들을 향하여
하늘 끝에서는 비바람이 일어서고,
그 소리가 이는 저쪽에 검은 강물이
부풀어가고, 강물을 따라 번쩍이는
갈기를 날리며 야생마들이 달려간다
그림자들이 긴 팔이 되어서 보듬은
한 줌의 땅에 무릎을 꿇고 뜨거운 입술을 대고
魂들이 헤매는 어두운 강기슭에서……

천둥산

바람으로 천둥으로 또 설움으로 가야지
우리 뒤에 있고 지금은 앞에 있는
저 산 붉고 푸른 산
옥수수 잎이 하늘을 울리는 밭머리
머리에 수건을 두른 아낙네들이 몇 날 며칠
옥수수를 베고 한쪽에서는 콩을 뽑고 콩깍지를
나르는 마을을 지나서, 썩어문드러진 천둥이
한꺼번에 쩌르릉 쩌르릉 천지를
울리며 가슴을 찌르는 밤이 오기 전에
산 너머 구름 너머 그림자보다 빠르고
쓸쓸하게 가야지

비가

저마다의 말로서 내리는
눈을 따라서

들리지 않는 눈의 말씀을
따라서 걸어가네

그대 곁에서 누가 무슨 말을 해야 하나
아무것도 말할 것 없네 잠자리도 없네

떠도는 사람의 발길이 더듬은
멀고 먼 골짜기

눈이
날리고

형제들이
죽어서

눈에
덮였네

신동엽

저녁놀에도 아름답지 못하던 사내여
금강가의 사내여 뫼 뿌리 같은 그대 손은
오늘도 물에 잠긴 벼들을 긁어내고
죽은 뿌리조차도 긁어내고
밀려왔다 밀려가는 먹구름 속에
폭풍우가 휘몰아도 억새들은
설레는 가슴으로 흔드는구나
꺾어지는 아픔도 모르고 즐거움도 모르고
멀리 기러기 떼의 울음소리도 모르고
아무 나라도 만나지 못하고 죽은 화적패의
노랫가락도 모르고,
모르고, 사내여

그리움

우리는 모여 있네 난롯가에서
창밖에는 어둠이 내리고 눈이 내리고
고은이 태일이 또 시영이
어두운 불에 얼굴이 달아올라 아름다웁게 되네
이 밤에 성부는 어디 있는지
어느 술집에서 안주를 집어먹고 있는지
먼 그가 이제는 이 가까이서
우물 같은 침묵으로 있고
불의 재료인 말들을 집어넣어
툭, 툭, 툭, 말들이 타올라,
바알갛게 바알갛게 친구들을
세밑에서 태우네.

부랑자의 노래 1

헤매는 자들아
헤매는 자들아
이제는 그만 마을로 돌아가
어린 날의 보리들을 보아라
이제는 그만 날리는 머리 풀어헤치고
밤이면 밤마다 시퍼렇게 돋아나는
네 하늘과 네 땅의
보리들을 보아라
보리들은 지천으로 자라서
사방을 가리건만 그대 눈엔
아무 보리 보이지 않고
산과 하늘에 넘쳐흐르는
보리밖에 보지 못하네

소리꾼

저 강과 바다를, 산맥을
햇볕이 쨍쨍한 들판을
선무당처럼 혼신의 힘을 다해 부른다
삼백예순 날 처처를 돌면서
맺힌 한을 西便에 실어서,
찢고 찢어 배앝으는 붉은 피로,
너의 마음을 부른다 鼓手야 슬픈 鼓手야

노래가 인당수 물을 가르고
저승의 강바람에 밀리고
밀리다 스러질지라도
북소리 고르게 높여라
우리는 센 물살을 거슬러
천 년이고 백 년이고
흘러가야 한다

저 들판의 붉은 노을과
갑오년에도 고웁게 핀 진달래
우리 마음의 이 울한과 나라도 없는
계집들의 음심을, 자식도

부모도 버리고 도망간
비 오는 골목의 네 계집처럼,
鼓手야 슬픈 鼓手야

새

어떤 빛에도 드러나지 않고
어떤 놀에도 몸 붉어지지 않고
오로지 제 어둠으로 가는구나
멀리멀리 그리운 불 밝혀두고
풀잎들이 한 덩이로 뭉쳐 사운거리는
영산강 하구언을 지나서, 겨울새들이여
―그대인가고 그대인가고 기다리는 사람들
어둔 벌을 가고 있으니
나직이 새들이 바람을 치며 날고 있으니.

사모곡

이른 새벽을 걸어서 그대는 들로 나가고
검은 터널 같은 밤을 걸었지 어둠이
바다 같았지 만날 수 없는 바다 깊은 바다
식구들이 돌아와 누운 조그만 목에서 흐르는
물과 해초들이 해후의 기쁨으로 흔든다 해도
어떤 슬픔으로 기쁨이 빛을 낼 건가
어떤 죽음으로 그리움이 길을 열어줄 건가
가파르게 건너가는 빛살 속에서 저 달빛은?
나무들은? 소리들은? 벌거벗은 몸의 슬픔은?
잃어버린 그대를 그리는 이 애탄 사랑은?

이제는 떠나세

한 나무
그리고 또 한 나무
눈에 보이는 가지마다에
쌓이는 달빛으로
길을 걸어 마을에 이르고
고양이 걸음으로
골목골목을 걸어 들어가
보이잖는 유대를 살피고
멀리 번쩍이는 영산강보다도 빛나고
그리운 아픔 우리 마음을 잡아끄는 아픔이여
각자가 각자의 아픔을 버리고
두려움을 버리고 온갖 사념이 일어나
춤출지라도 물결 소리 드높을지라도
이제는 떠나세 강을 건너세
검은 산 아래
푸른 보리밭
그 아래 빈집
그대는 죽었고
죽어서 돌아오지 못했지
흘러가는 영산강이여

그대도 가면 오지 못하리
비비새들이 젖은 나래로
날아가는 하늘에서 우리도
가면 오지 못하리 그리움이
남아서 빈 가지에 출렁거리리

부랑자의 노래 2

유리창 앞에서 물끄러미
하나의 별이었던 우리들을 본다
신안 앞바다 소금밭에서 소금을 구워 먹고
입추가 지나면 지리산으로 벌목하러 가던,
벌목이 끝나면 또 긴긴 겨울밤 눈보라를 헤치며
소금의 쓰라림, 여린 마음의
별의 쓰라림을 씹으며
무엇이 옳고 무엇이 그른지 생각할 수도 없이
한없는 길을 헤매이다가
소금에도 벌목에도 눈보라에도
길들여져버리고 쓰라림에도 길들여져,
물 같은 시간을 흘러서
시구문이라든가 남양만에서, 또
일거리 없는 서해안의 싸구려 여인숙에서
잠 아니 오는 밤을 보내이느니,
일하고 먹고 말하고 생각하는 것,
그 가운데서 구하고자 하는 것, 그것은
대체 무엇인가, 무엇이어야 하는 것인가,

부랑자의 노래 3

서리 내리는 밤이나 굴뚝새 우는 미명에
헤매는 자들 거리서 잠들고
혹 눈뜬 자 있어 만상을 보고
노래할지라도 노래가 무엇이겠느냐
한밤을 어찌 다 말할 수 있겠느냐

아침에도 들녘은 햇빛에 꿈틀거리고
썩은 새 같은 땀내를 풍기며
저저이 흩어져갔으나
하늘에도 바다에도 없는 그리움이
저녁에는 더디게 더디게 온다
더디게 와서 사방을 적신다 어둠이
구곡간장 같은 밤 굽이를 돌아간다

만리장천을 가는 새야,
처마 밑에서 우는 우리를 위하여
여린 나래로 길을 가는 새야,
도랑물 속의 취한의 꿈결같이
썩은 내 나는 꿈으로 가서 깃을 접고
이제는 고이 쉬거라

봄밤

살맛나더라 달빛 푸른
봄밤에 비탈에 기어올라가
그놈의 달빛을 때려 부수고
그놈의 능선도 때려 부수어
망망대해 한 어둠에서 하늘을 우러르면
빛도 어둠도 어느 놈도 보이지 않더라
벌거벗은 화냥년도 보이지 않더라

달밤의 어릿광대

여름 뜰에서 달리아가 피고
장미의 검붉은 꽃잎이 어둠으로 퍼지며
진한 설움을 동서로 남북으로 전할 적에
나는 무엇을 하고 있느냐
원고료 일만 원의 의미밖에 없는, 그래서
마누라에게 핀잔이나 받는 詩이냐! 詩이냐!
여름밤의 벌레들이 제 설움에 겨워
울어대는 작은 마당에서
'나의 설움'을 우는 나는 독백의 광대냐!
멀리 남도에서 올라와 보아주는 이 없는
춤을 추고 있는 달밤의 어릿광대냐!
어릿광대의 詩이냐!

장미가 울안에

드높은 시멘트 담벼락을
뛰어넘어 장미가 울안에
가득한 마당에
들어섰다 마나님과 가정부가
벌거벗은 채로 의자에 앉아
있었다 수천 마리 꿀벌들이
윙윙거렸다 하두 요란스레
그놈의 벌들이 윙윙대서 나는 정신을 차리지 못하고
나는 꽃이란 꽃을
모조리 쥐어뜯어버리지도 못하고
이놈의 세상이 왜 이리 심심하냐고
소리소리 지르지도 못하고
고양이처럼 노려보지도 못하고
강간하지도 못하고 안 하지도 못하고 투명인간처럼
마당을 빠져나와 죽어라 도망치지도 못하고
장미가 기염을 토하는 마당에서
장미가 기염을 토하는
마당에서…… 우두커니……

마음의 그림자

하염없이 먼 길을 걸어왔다

드문드문 나무들이 서 있었고

여린 가지들이 부러질 듯 바람이

불고 있었다 언덕배기도 있었다

콧수염을 기르기 전의 元甲흠가 언덕배기를 넘어

개구쟁이들과 앞서거니 뒤서거니 가고 있었다

불러도 대답하지 않았다

섭섭지 않았다 옛날의 눈물이 무지개로

기일게 西山에 떠올랐다 詩라고들 그랬다

겨울 깊은 물소리
(1982~1988)

말

 이 빠진 늙은이라도 살고 있을 듯한 초막집 근처에서 말〔言語〕들은 잠시 걸음을 멈추고 마당의 잡풀이랑 추녀랑 흙담벽을 그리운 듯이 돌아보다가 땀을 뻘뻘 흘리고 있는 사람의 집으로 간다. 멈칫거리면서 간다. 물살의 빛도 바람도 언덕도 따라가고 어디서 부는지 모르는 피리 소리도 따라서 간다. 가파른 계단을 한 걸음 한 걸음 올라가 허공에서 소실점으로 사라지는, 머릿속에만 있으나 존재하지 않은 절대음처럼, 말들은 사람의 집을 찾아서 아득히, 말들은 이제 보이지 않는다. 사람의 집도 보이지 않는다.

그대들이 부는 리코더는

잿빛 날개를 접고
새 한 마리 잎 떨어진
가지에 앉아 비를 맞으며 울고 있다
그대들이여 저 새가 우는 소리는
그대들이 부는 리코더와는 다르다
그대들이 부는 리코더는 빗줄기처럼
부드러웁고 그대들의 리코더는 갈대풀처럼 미끄러웁게
지난밤의 어둠을 드나들며
비밀을 비밀스럽게 감지한다
그대들의 리코더는 흐린 바람에
나부껴 눕고 일어선다 그대들의
머릿결이거나 숨결이라고
생각한다 그대들의 사랑이거나
성이라고 생각한다
꽁꽁 언 겨울 아침
햇빛이 얼음을 비추어
여러 가지 빛난 빛깔을 만들어내듯이
그대들의 리코더는 변화와 성숙의 소리를 내면서
시대의 들을 질러가리라 쇠스랑 같은
연장을 어깨에 메고 가리라

새는 그때에도 잎 떨어진 가지에
앉아서 새되게 울리라 녹슬고
끊어지려 하는, 그래서
새의 마지막 울음으로
줄은 끊어지고, 그대들의 리코더는
거칠고 슬프게 울게 되리라

그대는 눈이 밝아

그대는 눈이 밝아 마른 풀숲으로
기어가는 실뱀을 실뱀이라 하고
억새풀을 억새풀이라 하고
그대는 눈이 밝아 공기의 입자들이
햇빛에 흔들리며 소리하는 것을 소리한다고
말하지 가령 그 소리가 지쳐 지나가는
말 떼에 놀라 깨어질지라도 깨어진 소리가
시간 속으로 지나는 것 보며 소리가 지나간다고
말하지 감히 그렇게 말하는 거지
그대는 눈이 밝아 눈이 밝아서
무지막지하게 군화 발자국이 들판을 짓이기고
라이보리가 목이 꺾이어 웅덩이에서 시들지라도
그대는 눈이 밝아 눈이 밝아서
라이보리가 시든다고 말하고
라이보리는 썩어서 모습 없는 모습으로
우리의 가시 영역 밖으로 사라져가고
우리의 가시 영역으로 돌아와
마른 풀숲에서 서걱거리고
헤아릴 수 없이 쓸쓸한 마음이
그 소리를 들으면서

일어설 때
일어서면서 흔들릴 때
그대는 눈이 밝아 눈이 밝아서
마른 풀숲이 흔들린다고 말하지
감히 그렇게 말하는 거지

햇빛이 무진장 내려

햇빛이 무진장 내려
마당에서도 지붕에서도 한길에서도
푹푹 발이 빠져들어가네
이런 날 산행은 힘들지
사람이 빛을 주체하지 못하면 힘들지
아무리 그리스도라 해도 빛에 허우적였다면
엘리 엘리 라마 사박다니라고 그렇게
슬프게 울부짖지는 못했을 것이고
빛 속에 빠져서 그런 소리를 했다면
로마 병정들이 얼마나 큰 소리로 웃어댔겠는가
허나 웃음도 울음도 가지지 못한 나는
빛 속을 허우적이며 산으로 가네
썩어가는 낙엽과 허물어져가는 무덤 사이
억새가 희고 부드럽게 날리고
마음 편안히 나는 빛에 싸여서 산으로 가네
뼈와 뼈가 닿고
골수와 골수가 이어져
눈부신 햇빛 속
처음의 빛과 처음의
어두움으로

이렇듯 고요하게
이렇듯 비극적으로……

너는 가야 한다

너는 가야 한다
마른 풀섶의 들쥐들이 풀씨를 찾아
이리저리 종종거리며 다닌 이때에
네가 남긴 발자국이 눈에 덮이고
흔적을 지워버릴 때까지
네가 가고 나면 들은 비워지리라
햇볕이 내려 나무숲은 고요하고
어떤 꽃도 다가가서 보는 이 없는
향기를 풀어내면서 져 내리고
이제 우리는 세계가 평화롭다고도
생각할 수 없고 쉽사리 역사를
자유스럽다고도 말할 수 없으리라
이제 우리는 외칠 수도 없으리라
돌아볼 수도 없으리라 작은 다리로
나이 든 사나이가 걸어가고
그의 그림자가 걸어가고
그는 뒤돌아보지도 않고
나를 부르지도 않으리라
어둠이 깔린 거리에서
그는 가고 볼 뿐

이제 너는 가야 한다
마른 풀섶의 들쥐들이 풀씨를 찾아
이리저리 종종거리며 다닌 이때에
네가 남긴 발자국이 눈에 덮이고
어둠에 서 있는 네 흔적을 지워버릴 때까지……

겨울 산

그해도 다 간 12월 초순 서울에서는 포근하고 새하얀 눈이 내렸습니다. 우리는 눈길을 걸어 도선사로 명동으로 갔습니다. 도선사 모퉁이를 돌면 소나무 숲 저편으로 절간의 풍경들이 떼그르르 떼그르르 울고 고딕풍의 명동 성당에서도 성모 마리아 님이 흰 이마를 들고 우리를 내려다보았습니다. 제 슬픔을 슬퍼하지 못한 우리를 슬픈 눈으로 보고 있었습니다. 성모 마리아 님이여 죄가 있으므로 우리는 얼마나 많은, 죽고 싶어 하는 세상에서 살고 있으며, 얼마나 많은 죽음에서 살고 있습니까. 고다마의 어머니 마야 님이여, 당신의 아들이 집을 나간 뒤로 얼마나 많은 아들들이 이 세상에서 집을 나가 돌아오지 않았습니까. 저 먼 나라 아르헨티나에서는 수만 명도 넘는 잘생긴 아들들이 행방불명되었다가 얼마 전 시체로 돌아왔다고 합니다. 수만 명도 넘는 어머니들이 시체를 맞아들였다고 합니다. 분노도 슬픔도 없었다고 합니다. 성모 마리아 님이여, 고다마의 어머니 마야 님이여, 이런 날은 아들을 그리며 전태일의 어머님도 어느 길을 걸어가고 김남주의 어머님도 갈 것입니다. 이런 날은 아무 죽음도 가지지 못한 저나 제 친구들도 갑니다. 나무들이 언 가지로 서 있고 차고 신선한 공기가 샘물처럼 흘러서 수만 리도 더 멀리 뻗어가고 수만 리도 더 높이 솟아오릅니다. 번쩍번쩍 빛나는 겨울 산으로 끝없이 솟아오릅니다.

누란

햇볕이 늠실거리는 바다인지 호수인지는 몰라도 그들은 말을 타고 누란으로 가네 제 나라에서 살지 못하고 가네 한 명의 종자와 길잡이를 데리고 바람도 불지 않고 잎들이 떨어져 쌓이는 길을 햇살이 고요히 비추어서 세세하게 드러내고, 왜 이럴까 왜 이럴까 소리쳐 확인하고 싶은 이곳은 얼마나 마음 아픈 것인가 거기 그 들풀 꽃들은 얼마나 아름다운 것인가 그들에게 펼쳐진 시간들은 또 얼마나 찬란한 것인가

햇볕이 너무나도 늠실거리는 바다인지 사막인지는 몰라도 그들은 말을 타고 누란으로 가네 제 나라에서 살지 못하고 가네

온 세상 가문비나무로 덮여서

온 세상이 가문비나무로 덮여서 아름답다 해도 어느 구석 조그만 돌집 하나 지을 수 없네 서로 손 잡고 마주 설 수 없네 마음이 외로운 이 나라에서 꿈이 고통이 아니라면 내가 걸어온 길이 조약돌이 아니라면……

주여 눈이 왔습니다

주여 눈이 왔습니다 들 산에는 나무들이 더부룩한 모습으로 서 있고 마을 집도 언덕도 허리를 구부리고 있습니다 시끄러운 시대를 끝내고 당신의 눈이 내리는 아침 남부 지방의 예술가들은 사라진 친구를 부르며 어디로인지 가고 신경처럼 가느른 시간도 가고 있습니다 나도 가고 싶습니다 내리는 눈을 따라서, 눈은 시대이고 나도 시대입니다 온갖 사물이 색을 잃고 울타리마냥 울어대는 곳에서 무덤들이 하늘의 궁륭인 양 솟아오르고 있습니다

봄

　내가 근무하는 이층집 창밖으로는 방통대의 뒷마당이 한눈에 보인다. 저녁이 되면 어느 저녁이나 마찬가지로 그 뒷마당에는 어스름이 부드럽게 내리고 탐욕스러운 춤꾼들의 북소리가 쿵덕쿵쿵덕쿵 처음에는 천천히, 그러다가 점점 다급하게 경사를 올라가다가 마침내 낙산 기슭을 온통 물어뜯을 듯이 울려 퍼진다. 처음 나는 무슨 지랄들이람 하고 투덜댔으나 시간이 흘러감에 따라 어느새 쿵덕쿵 소리에 맞추어서 얼쑤얼쑤 어깨를 흔들기 시작하였고, 그 흔들림은 물결을 따라 거슬러가다가 다시 흘러내려가기도 하는 것이었다. 웬일일까, 왜 내가 물까지 생각하게 되었을까 되새겨보았으나 알 수 없었다. 그러던 어느 날, 한련이 잘 피어서 베란다가 볼 만하던 날 나는 소주병을 탁자 위에 놓고, 오징어 발도 놓고, 다리를 길게 뻗고, 고개를 비스듬히 젖히고, 이 세상에서 제일 행복한 사람이 되어 홀짝홀짝 술을 마시며 쿵덕쿵 소리를 기다렸는데, 소리는 무엇 하면 무엇 한다는 식으로 그날따라 울리지 않았다. 어둠이 마당에 차고 창을 넘어와도 쿵덕쿵 소리는 울리지 않고, 술 때문인지 마음 때문인지 온몸이 축 늘어져 잠 속으로 잠 속으로 나는 서서히 떨어져갔다. 잠 속에서 나는 편안하였다.

비가 내린다

7번 버스를 타고 저녁 7시 우이동 기슭에 들어서면 아직도 저녁 햇살이 터널처럼 자욱하게 끼어 있다. 거리는 비단결 같다. 나무도 집들도 두 팔을 벌리고 앞으로 앞으로 나아간다.

그래서 우리 마을은 꿈속이다. 현재도 과거도 미래도 없다. 아니 현재일 때도 있다. 사일구공원이나 한신대 골목에서 페퍼포그가 터질 때면 온 마을은 페퍼포그 냄새에 싸여서 쿨룩거리고, 주민들은 사일구나 한신대가 주체스러워 툴툴거리고, 페퍼포그가 사라지면 다시 원상으로 돌아가 저 공원이 얼마나 아름다운지 몰라요 정말이에요 저 공원이 마을의 자랑이에요 수다를 떤다. 정말이다. 페퍼포그가 없다면 우이동은 사랑의 마을이다. 그것은 이 마을의 공기를 마셔본 사람이면 안다. 운전사들도 이 마을의 입구에 들어서면 어이쿠 코가 뚫리네 소리친다.

오늘은 비가 내린다. 나의 거리에 비가 내린다. 나는 아이들과 아내에게 키스를 하고 우산을 들고 장화를 신고 거리로 나간다. 집들에, 가로수에, 길바닥에, 뒹구는 돌멩이에도 안녕 안녕 인사를 하며.

나는 거리로 나간다. 나의 거리에 비가 내린다. 비가 내린다.

봄 하늘이 왜 이리……

로댕의 생각하는 사람처럼 청동 빛으로 다듬어진 김병곤의 말로는 여자가 보이기 시작할 무렵에 하늘이 투명해 보인다고 그랬는데, 마흔이 넘어 마누라밖에 모르는 내게 하늘이 투명해 보인 것은 혹시라도 마음이 허전해서인가, 정히 그 때문인가. 그래서 나는 적이 불쾌한 목소리로 여자는 무슨 하면서
  하늘에 대해
  구름에 대해
  나무들에 대해
  얼씨구 그 병신 같은 시인들에 대해
  국회의원들에 대해 장관들에 대해
  생각해보다가 마침내는
  에라 모르겠다
  장여인 스토리나 육자배기조로 읊어보자고
  장여인이 이철호가 되고
  이철호가 김철호가 되고
  김철호가 끝도 갓도 없는
  우리네 현대사의 뒷구멍이 되는
  그놈의 스토리를 육자배기조로
  읽어내려가자면 세상이 왜 이리
  조금씩 조금씩

재미가 나는가 재밌어서 못 살겠다
소리치게 되는가

말
— 김종삼(金宗三)의 「누군가 나에게 물었다」에 화답하여

누군가 나에게 물었다, 시는 어디에 있느냐고. 나는 시들은 매달 쓰레기처럼 쏟아져 나오는 문학지와 신문과 여성지의 끄트머리에 붙어 있는 문예란에 있으며, 정말 쓰레기처럼 쏟아져 나오는 시집들과 동인지 속에 있다고 말하려 했으나 입을 다물어버렸다. 그는, 시는 시인의 마음속에 눈길 속에 있으며, 타오르는 불길 같은 열의 속에 있다고 생각하는 것 같았다. 나는 그렇다고도 그렇지 않다고도 말하지 않았다. 나는 가을 들녘을 지나서 겨울 숲을 걸었다. 다시 다음에도 나는 가을 들과 겨울 숲을 걸었다. 가지들이 얼어붙은 소리가 귀를 울리고 삼나무 숲이 하늘 끝으로 솟아올랐다. 시간의 벽에서 패랭이가 고개 숙이고 있었다. 옛날에 내가 보았던 패랭이가 시간 속에서 푸르게 푸르게 고개 숙이고 있었다.

별을 보면서

저 많은 별들을 하나도 소유하지 못하고,
그 많은 별들 중의 하나가 내 별이라고
생각하면서, 아직은 모습을 보이지
않는 별들이 우리를 향하여 휘익 휘익 휘이익
휘파람 불면서, 수도 없이 달려오고 있으리라
생각하면서, 그 별들의 빈자리에서
빈자리는 별들을 기다리면서 향기로운
울림을 울리고, 나도 그대들도 그러리라
생각하면서 바라보는 이 꿈 같은
아름다움! 밤에 마당으로 나가 라일락
나무 아래서 바라보는 이 작은 아름다움!

소리들이 메아리치고

남행 열차를 타고 꿈속처럼 노량진을 지나고, 얀양 들을 지나고, 조치원을 지나고, 대전 서부역을 지나고, 아니지, 서부역이 아니지, 나는 늘 서부역을 지나 서울로 향했으나 고향이 멀리 사라진 이제 동부역과 서부역의 차이가 희미해져버렸으므로 나는 동부역을 지날 수도 있었을 테니까. 하여튼 나는 끼루룩끼루룩 울면서 지나가는 철새 떼같이 대전역을 지나고 대전의 산과 들과 나무들, 대전을 싸고 도는 공기라 할까, 색깔이라 할까, 죽음이라 할까, 그런 것들을 지나서 나는 깊이 잠에 떨어졌고 눈을 떴고 다시 잠에 떨어졌다가 눈을 뜨니 검푸른 어둠이 이파리들을 밀어 올리고 있었으며, 검푸른 이파리들은 연보라 잎을 정말로 힘껏 푸른 하늘로 밀어 올리고 있었으며, 이파리들은 용수철처럼 튀어오르고 있었으며
 이윽고 당도한 나라
 바다에서는 배들이 달리고
 배들이 아름답게 수면을 달리고
 나는 물속으로 들어가
 물이 넘을 때까지
 사람의 소리로 울고 있었다

요교리(蓼橋里)*로

艮齋 선생의 장례를 치르고 요교리로 숨은
裕齋의 여뀌풀이 여뀌풀인지 모르면서
그 풀이 마을을 둘러싸고 있는지
모르면서 바다의 섬처럼 있는 그곳을
찾아간다 전주에서 군산으로 가는
길목이라는 사실밖에 모르면서 간다
지도도 역사도 없이 간다!

裕齋가 누구인지 모른다
수염을 기르고 갓을 쓰고 있는지
밭은기침을 하면서 어떤 실눈으로
사물을 보고 있는지 그의 사랑이
나라인지 산천인지 理는 心에서
나오고 心은 理에 매인다는 그놈의
먼지 낀 性理學인지 性理學의 사당인지

오오 망한 나라이기는 하지만 그러나 조선을 빛낸 성리학자들
退溪 栗谷 茶山 鹿門 華西 艮齋 裕齋 그 뒤로도 끝없이 늘어선
크고 작은 학자들 실눈으로 뚫어지게
사물을 보는 고색창연한 그들의 사당 새로

오늘은 차들이 달리고, 차가 달리는
길로 맙소사! 길은 끝없이 이어져
있구나 옆으로도 앞으로도 뒤로도

나는 그 길을 따라간다
명상을 통해서가 아니라
형식을 통해서가 아니라
신비주의자들의 고양된 정서로서도 아니라
오로지 열린 길로
열린 마음으로
裕齋를 찾아서
여뀌풀이 무성한
요교리로! 요교리로!

* 이리에서 군산으로 가는 길목에 있는 마을로, 艮齋의 제자인 裕齋가 살던 곳임. 여뀌풀이 무성하여 '蓼橋里'라는 이름이 지어졌는지도 모른다.

양수리에서

이만한 학자와 더불어 한생을 사는 것이
얼마나 행복한 일이냐고
예찬을 아끼지 않았다는 그대는
저만큼 저 바위와 나무들 새로 어둠을 보았겠지
물 위로 흐르는 어둠을 책들은
적어나갔겠지 더는 걸칠 것
없는 중의적삼 입고 짐승같이 벌건 눈
뜨고 입 벌리고…… 책들은 보이는
곳에서 보이지 않는 곳에서 군생하는
잡초들을 적어나갔겠지

오늘 흐르는 것들의 편에서
손짓하는 양수리를 생각을 거두고 본다
실비처럼 가느다란 어둠이 내리고
도시의 골목골목에서 최루탄이 터져
사람들이 쿨룩거리고 빠른 물살처럼
사람들이 이리로 저리로 흘러가면서
소리친다 시간들이 소리친다
나는 어둠이 깔리는 강안을
지나 한 발 한 발 물속으로 걸어 들어간다

물이 허리에 잠기고 목에 잠기고 머리에
차올라온다 물이 머리에 차올라온다

꽃들이 흘러간다 꽃들은
상부에서 피어 열매를
맺고 떨어지지만
흐르는 꽃들은 우리 앞에
한 나라로, 한 전집*으로 낱낱이
피 흘리고 굶주린 中世를
적고 있다

* 茶山의 『여유당全書』를 말함.

11월에 떨어진 꽃이

 한 사냥꾼이 총을 메고 모자를 쓰고, 가죽 장화를 신고, 번쩍번쩍 빛나는 노란 눈을 굴리면서, 위풍당당하게, 종로 거리라면 꿍꿍꿍꿍 북을 울리면서 박자라도 맞춤직하게 숲 속을 뚫고 가고, 다음 사냥꾼도 같은 모습으로 가고 세번째 사냥꾼도 역시 같은 모습으로 기울어진 햇살처럼 들을 질러가고 있었다. 몰이꾼들이 떼 지어 따라가고 있었다. 흔적도 남기지 않았다…… 몇 차례 비가 내리고 기슭이나 언덕에서 상처 입은 짐승들이 끙끙거리고 11월의 떨어진 꽃이 기슭으로 흘러, 얼어붙고 녹아, 별빛을 받으며 번쩍거렸다.

 그날 나는 무엇 때문인지 모르면서 벌판에 누워 있었다. 감각적으로 바람이 옷깃을 들추고 풀잎들이 사방에서 사운거렸다. 나에게 세상은 멀리멀리…… 펼쳐져서 슬로비디오처럼 돌아가고 물속의 시간들이 돌아가고, 나는 움직이지 않고, 꿈속에서 죽음의 꿈을 꾸고 있었다. 죽음 속에서 눈이 내렸다. 나무도 언덕도 마지막 날아간 새들의 그림자도 보이지 않았다. 늠실거리는 햇빛도 보이지 않았다.

 이제 벌판은 누구의 것인가
 하느님의 것인가 사냥꾼의 것인가

 벌판에 쌓인 눈의 발자국의 것인가 발자국의 것인가.

말

일정하게 뜻을 담고 있다고는 하지만
말들은 잠실 야구장의 휘황한 불빛 아래서
너클 볼을 던지는 투수처럼 두 손을 번쩍 쳐들고
환호하지도 못하고 환희의 축배를 들지도 못하고
예쁜 여자와 연애하지도 못하고 외나무다리를 술에
취해 조심조심 기어가지도 못하고
말들은 사랑이라고 사랑이라고
말할 줄밖에 모르지
불쌍하여라 말과 말 새에서
사랑이라고 말할 줄밖에 모르는
말이여 말의 울에 갇힌
말이여 생피를 다 흘리고
죽은 뒤
두루마기 자락을 길게 끌고
가는 예수처럼
말들은 얼굴 보이지 않는 말들은
말의 푸른 칸막이 사이에서
운다 말들은 운다 아니다 말들은 울 줄도 모른다
말들은 거기 그대로 서 있을 줄밖에 모른다
말들은 바보, 말들은

하나의 사랑밖에
한 자리밖에
한 구멍밖에
모른다
말들은
바보
한 구멍밖에
모른다

달아 달아

달아 달아
밝은 달아
독약같이
밝은 달아
어디 어디 떴니?
남산 위에 떴니?
무엇 무엇 보이니?
작고 작은 나무들이
을지로나 세종로에서
붉은 터번을 머리에 두르고
지심이 울리도록 사무치게
우는 소리
우는 소리!
들리니?

안개 낀 날에는

안개 낀 날에는
비렁뱅이 되어
산도 바다도
흘러가고 우리도
흘러가다가
어느 날 어느 곳에
발을 내린다
물새들이
멀리 떠돌다
이름 없는 작은
섬에 날개를 접고
쉬듯…… 그리고
깊이 꿈을 꾸듯……

누군가 나를……

누군가 나를 부르는 듯싶어서
부엌으로 가봤으나 아무것도 보이지 않았다
가스레인지와 백곰표 식탁과 냉장고
스테인드글라스뿐 그뿐, 내가 사랑하는
우리 집 부엌에는 쥐 죽은 듯 고요가 흐르고
캘린더의 새들이 소리도 없이 그들의
하늘을 날아가고 있었다 순간 날갯죽지
에서는 겨울의 눈발 같은 것들이 흘러내려
뚝뚝 바닥으로 떨어지는 듯도 하였으나
다시 보니 그것은 빗자루로 거칠게 쓸어붙인
페인트였으며 아침마다 내가 쓸고 간 마당이거나
골목이거나 추억이거나 추억의 착각 같은 것이었다 착각의 물결 같은 것이었다 원래 착각은 모습이 없는 것이어서 부엌에서 외로이 서 있는 나를 보고 있는 나일 수도 있고 외로이 흘러가는 물결일 수도 있고 무겁게 흘러가는 하수구의 검은 물일 수도 중랑천일 수도 한강일 수도 있고
그 위에
달랑 올라서서 웃고 있는
내 친구 김중식일 수도 있는 일이었다
그가 나를 부르는 음성일 수도 있는 일이었다

그렇다면 저 캘린더에서 날고 있는 새들은 무어란 말인가
그들은 무엇이란 말인가
새의 모습을 하고 있는 저 가짜 새들은?
1985년 9월 12일, 그 확실한 일력 위에서
푸드득푸드득 날고 있는 새들은?

춘분

 영하 20도를 오르내리는 날 아침 하도 추워서 큰 소리로 하느님 정말 이러시깁니까 외쳤더니 꽁꽁 얼어붙은 고드름이 떨어지며 슬픈 소리로 울었다 밤엔 눈이 내리고 강얼음이 깨지고 버들가지들이 보오얗게 움터 올랐다 아이들은 강 언덕에서 강아지야 강아지야 노래 불렀다
 나는 다시 왜 이리 봄이 빨리 오지라고 외치고 싶었으나 지난 일이 마음 쓰여 조심조심 숨을 죽이고 마루를 건너 유리문을 열고 속삭였다 아무도 모르게 작은 소리로 봄이 왔구나 봄이 왔구나라고

베드로 1

 겟세마네 골짜기로 들어가기 위해서는 그 육중한 뱃놈인 베드로라 해도 쑥 이파리와도 같이 아리고 떫은 인간의 마음자리를 수없이 넘어가야 했다 두 발이 끌리듯 무거울 수밖에 없었다

베드로 2

공포로 가득 찬 세상을 살아온 우리 내부에서 어느 날 불쑥 솟아오는 소리

저 소리는 무엇일까

먼지와 시멘트로 덮인 거리에서 우리 죄는 시작된 것일까

무거운 발을 끌고 죄 속을 우리는 걸어가야 하는 것일까

오오 죄의 소리는 섬처럼 솟아오르고, 소리에 싸여 우리는 한 걸음 한 걸음 제 별자리로 돌아가 수십 통 편지를 썼으나 답장은 돌아오지 않았다

마음이 죽어버린 자에게 어떤 사물은 그림이고 어떤 사물은 사랑이지 않았으며

뉴스같이 맥빠진 언덕과 마루를 올라도 머잖아 내릴 눈처럼 마음은 설레지 않았다

서천군 서천읍 서천리 그 이상한 집 뜨락에서

모든 것은 정지된 채로 흐르지 않았다

베드로 3

나는 돌부리에 부딪치고 넘어지면서 골짜기로 들어갔다 주룩주룩 장대비 내리고 캄캄한 어둠이 파도처럼 밀려오고 하늘 한 자락이 창고처럼 날리고 무너져 내렸다 나는 병사들 속으로 들어갔다 철모와 구레나룻과 억센 등줄기 들이 푸른빛을 발하며 한쪽으로 쏠린 듯했으나 개의치 않고 나는 병사들을 뚫고 들어갔다 더욱 비는 세차게 내렸다 유카리나무와 종려나무 줄기에서는 비들이 줄줄줄 흘러내렸다 방금 나는 병사들 속으로라고 했지만 그것은 병사들인지 병사들의 그림자인지 혹은 그림자의 나무들인지 분간할 수 없었다 나는 미로와 같은 암흑 속을 뚫고 계속 들어갔다 골짜기를 지나갔다 산마루로 올라갔다 산마루에서 고개를 쳐들고 울부짖었다 올빼미 같은 새들이 날개를 후닥탁후닥탁 날아갔다

베드로 4

무언지 모를 것들을 가슴에 안고 검은 나무 새로 비명이 물결처럼 몰려오고 있을 때였으므로 누가 누군지 분간할 수 없었고 누가 낮은 소리로 노래를 부르는지도 알 수 없었다 한목소리로 사람들은 따라 불렀다 노래는 검은 이파리들을 흔들면서 때로는 깊게 때로는 우렁차게 비극의 클라이맥스처럼 감정의 급류를 이루면서 흘러갔다 어린 나귀가 갑자기 튀어 나오고 영혼들이 피를 뚝뚝 흘렸다 노래는 계속되었다 몇 남은 별들이 뚝뚝 떨어지기 시작했다 사람들은 별을 보지 않았다 그리고…… 검은 나무 새에서 너무나도 급작스럽게…… 막이 내렸다

베드로 5

미친년처럼
미친년처럼
꽃들은 여기저기
피어 있고

미친년처럼
미친년처럼
꽃들은 여기저기
잡초처럼 피어 있고

미친년처럼
미친년처럼
강물은 시간 속으로 흘러서
강물은 세상 끝까지, 가슴을 쥐어뜯으며 갔다
그대가 샘물을 쿨컥쿨컥 마시던 사마리아로 갔다
베다니아로 갔다 나중에 바울이 벼락을 맞고
쓰러진 사막으로 갔다
물 위를 걸어가는 그대
역광을 받으며 그렇게도 아름답게
가벼야이 가벼야이 가던 그대

이 세상의 어둠과 평화가 아니라
어둠과 평화의 빛을 끌고 가는 그대를
이제 나는 무어라 부를 수 있으리요
어떠한 고통이 피를 끓어 울부짖게 할 수 있으리요
번개가 치고 번쩍번쩍
마른번개가 치고
유칼리나무 이파리들이 놀랍도록
선명한 모습으로 번개 속으로
떠올랐다가 사라지고
아이들이 깔깔깔 웃었다
오오 아이들이 웃었다
불타는 마을 불타는 바다
더할 수 없이 고요한 번개가
하얗게 모습을 드러내면서
웃었다 꽃들이 웃었다
내가 웃었다

베드로 6
— 랍비라는 사람을 위하여

돌과 모래와 지푸라기와 쇠똥구리 들을 지나고
쇠비름들을 지나 성큼성큼
물 위로 걸어가면서
가난한 자는 福이 있나니
가난한 자는 福이 있나니
가난한 자는 福이 있나니
라고 여덟 번 말하고, 또
세 번 가난한 자는 福이 있나니를
종려나무 가지에 걸어두고서,
아무것도 먹을 것 없고
마실 것도 없는,
뼈마디가 앙상한,
발이 희고,
눈이
푸른,

베드로 7
— 유다에게

죄를 끌고 더욱더
죄 속으로 들어가서
장미를 보아라
씻어낼 수 없는 죄의 그림자를 끌고
장미 속으로 들어가서
장미를 보아라
장미의 검붉은 꽃술들을 보아라
고색창연한 램프처럼
그런 램프의 불꽃처럼
아직도 고요히 타오르는
우리가 예전에 랍비라고
불렀던 사람의 얼굴 그 긴
사람의 얼굴

베드로 8

아무것도 모른다고 내가 나에게 말하고 있는 사이
영원의 돌이 내 가슴속으로 내 것이 되어 들어왔다

아직도 상하지 않고 흐르는 눈물
방울이 볼을 타고 흐르는 동안

거울 속에서 영혼이 창을 빠져나오고
새들이 창밖에서 소리쳐 날고

새들이 끝없이 날아갔다
종소리가 울려왔다

그날 창이란 창에는 배반의
그림자밖에는 아무것도 없었다

베드로 10

하늘의 현관에서 그대가 손을 내민다. 허전하고, 또 허전한 듯이, 나는 그 손이 무엇을 의미하는지 모르면서 손을 따라 마루를 지나고 복도를 지나 어느 방으로 들어간다. 천천히 발을 뻗고 손을 뻗고 베드에 눕는다. 아래층에서 누가 자고 있는 것일까? 기억처럼 가느다랗게 소리가 들리더니 사라지고, 다시 잠든다. 시간과 공간이 비로소 평정을 유지하고 더없이 육체가 감미로운 이때에 누가 숨소리 따위를 들으려고 귀를 모을 것인가.

시간의 잠

편안한 나라 꿈의 나라 목조 2층이라든지 3층이라든지 혹은 그보다 높은 마천루 꼭대기라든지 단층 한옥이라든지 반쯤 햇빛이 내린 하얀 침대 하얀 이불 하얀 커튼 하얀 신발

나는 잠이 들고 깊이 잠이 들고 시간이 바람에 날리는 가랑잎처럼 떠 있는 길을 비추는 평화로움이여

詩

마음이 고요한 날은 나무들도 다 조용하다
가을바람 불어 버드나무 이파리들이 빛살같이 내리고
누가 부르는지 생각이 잠시 산란해지더니 가닥나무 가지에 비닐처럼 걸려 날린다 가라앉는다
창밖에 아이들이 지나가고 저녁이 지나가고 북악과 도봉도 지나간다

살그머니……

살그머니
그 애가 내 방문을 밀면
나는 없지 살그머니 내가
그 애 방을 열 때도 그 애는
없지 우리는
부엌에도
다락에도
화장실에도 없고
지붕에도 꽃밭에도
구름 속에도 없고
하늘의 바람이 보이지 않게
흐르고 보이지 않게 지하수들이
땅속으로 흘러가듯이
흘러가면서 노래하듯이
그 애는 그 애 방에서
나는 내 방에서
킬 킬 킬 킬
웃지 우리가 제일 즐거운 소리로
나무가 되고 이파리가 되면서
이파리가 되면서

가을 인상

 어쩌면 저렇게도 누추할까 싶은 종로3가 다정이라는 화식집에 들러 시인 김종해와 냄비국수를 먹고 차를 마시고 냅킨으로 입술을 훔친 다음 천천히 천천히 거리로 나왔다. 등 뒤에서 알맞게 뚱뚱한 마담이 안녕히 가세요 하였고 거리 벽과 간판과 공기와 유리창 들도 찬란한 이마를 들고 인사하였다. 나도 인사하였다. 눈여겨봐보라, 그 마음의 인사를, 그 말속에 쓸쓸히 사라져가고 있는 시간들을, 그것들은 지금 제법 그럴듯하게 폼을 잡으며 수작 부리고 있는 정객들처럼 거짓말을 하고 있는 것이 아니다. 그것들은 헌특이니 직선제니 하고 말하고 있는 것이 아니다. 그것들은 수수만년의 섭리로 안녕 안녕 손 흔들며 사라져가고 있는 것이다. 코스모스 같은 시간들이 가고 있는 것이다. 우리와 함께 가고 있는 것이다.

사랑하며 자유하며
——목포대학 개교 10주년 기념으로

세 마리 학이
영산강 물굽이로
오르며 내리며
생각을 깊이 새기더니
어느새 그 새들 사라지고
　바닷가에는 그 새 그리워하는 사람들의 그림자로 가득했다 물빛이 차거워진 가을 저녁이나 겨울에도 사람들은 내면의 소리로 소리쳐서 새를 부르며 헤맸다 그런 어느 날 비녀산 기슭에는 보이지 않는 빛으로 새 그림자 희게 드리우더니 여기저기 석조 기둥이 오르고 벽이 쌓이고 푸른 창이 들어서고 종다리도 같고 비비새도 같고 꾀꼬리도 같은 것들이 떠나갈 듯 환호하더니 그 환호 소리로 수백 수천 새들이 날았다 날개 소리가 하늘을 울렸다
　아아 비녀산의 새들이여
　그대들 소리의 속에는 무엇이 숨어 있는가?
　노래인가? 노래의 꿈인가? 꿈의 굴레인가? 봉우리들이 숨 쉬는 천공에서는 무엇이 떠오르는가?
　한 손에 고삐를 잡고 한 손에 채찍을 들고
　달려라 아직도 안개 낀
　새벽 숲 속으로, 두 손을 잡고,
　혼자서가 아니라 둘이서, 셋이서, 여럿이서

사랑하며, 자유하며
나의 목포여
목포대학이여

침묵의 빛

뽀오얗게 새순이 돋아나는 봄날 마로니에 공원에는 병아리같이 노오란 유치원 아이들이 하나 둘 하나 둘 소리하며 줄지어 걸어가고 나도 뒤를 따라 걸어가고 사방의 나무들이 소리없이 하나 둘 하나 둘 그들의 소리로 외치면서 그들도 따라서 가고, 그런 움직임은 봄과 여름 내내 계속되었습니다.
  가을 되어 아이들 그림자 뜸해지고
  은행잎이 물들어 떨어질 때도
  그러나 나무들은 하나 둘 하나 둘
  그들의 소리로 그리운 듯 되풀이하다가
  눈이 내리고 하늘이 언 날
  가끔 한 여자가, 한 남자가 허무처럼
  서 있던 날 나무들도 침묵을 하고서
  침묵의 빛으로 서 있었습니다.

잠

자전거의 페달을 밟고 달리는
그림 같은 푸른 수의(囚衣)의 노동자들
오스트리아의 시골길을 달리는 노동자들
밤에는 누구의 말 상대로 곤드레만드레되어,
달리는 것이 최선의 방법이에요
사이렌도 이젠 멎어버렸지요? 몇 날 몇 밤이 지났나요?
그새 비가 왔나요? 우리들은 이제 무엇을 해야 하나요?
물속에 푸른 꽃이 피어 있더라구요? 아, 네, 꽃들은
물속에서도 아름다웠지요 우리들은 아름다웠지요
어쩌구저쩌구하면서 심해로 심해로 달리는 노동자들은
신도 없는 수중에서 지느러미를 쉬이고
눈을 감는다 검은 미역 줄기가 너울거리고
북항의 바람이 새파랗게 젖어서 돌아온다

새

봄이
오고
나무들이
무성한 잎새에 가리어
검은 그늘을 창창히 드리울지라도
지평선에 푸른 향기 늠실거릴지라도
청천을 가르고 까막새 한 마리
비명을 지르며 간다 창시 터시고
대가리 깨지고 개처럼 끌려가는
무간지옥의 어둠 속에서
푸르고 푸르게 너를 부르던
네 이름 소리 들으며 간다
유월의 꽃들만
울음 아닌 꽃들만
거리에 피었다가
서리 내리고 눈이 날리자
얼어붙고 녹아
비상처럼 번쩍이면서
非非非非 非非非非
일어선다

섬진강에 갔더니

무슨 바람이 불어
섬진강에 갔더니
마누라하고 새끼들도 데불고 갔더니
산 너머 해가
그리도 기쁘게 맞아주더라
아직도 별 볼일 없는 시를 쓰느라
고생이냐고, 새끼들 얼굴이나 들여다보면서
그들의 두 볼에 피어난 보조개와 주근깨
그들의 머리칼 너머로 날아가는
철새 떼와 노오란 바람과 솜털 구름이라도
눈여겨보면서, 아니 그들의 그 귀여운
사타구니라도 슬쩍 만져주면서
한세상 보내지 그러느냐고
둥근 얼굴로 웃어대더니
3박 4일의 일정을 끝내고
상경하려 할 제엔
무슨 생각을 하고 있는지
얼굴이 점점 붉어지고
어두워지더라
내 마음도 따라서
붉어지고 쓸쓸해지더라.

내 꿈은 내 것이야

내 꿈은 내 것이고
내 볼펜도 내 것이고
내 라이터도 내 것이고
라이터의 빨간 불빛도 내 것이고
그 불로 담배를 붙이고 나서 한 모금 깊게
빨아 마시고 내뱉는
연기 속에서 바라보는 내 두 눈도 내 것이고
너를 사랑하는 나의 마음도 물론 내 것이고
내가 바라보는 푸른 풀잎들의 푸른 몸놀림도 내 것이야
지평선에 그림자 서리어
새들이 숲으로 잠자러 갈 제에
내 사랑은 더욱 커지고 커져서
온천지에 가득해지고 그렇게도
사랑은 커지고 커져서 이제는
실어내자면 대형 트럭 수십 대를
동원해도 바닥이 보이지 않을 정도야
그래서 현대의 친구들은 나더러 거짓말쟁이라지
거짓말 사랑이라지
그럴지도 모른다 사랑이 다니는
학교와 문방구점 시청 세무서

소방서 아저씨들이 불자동차를 타고 달려가는 골목길과 병원
자전거 종달새 노가주나무 베고니아꽃
오오 하느님이 창조한 저 모든 것들
나의 것이면서 하느님의 것인 사랑의 창조물들

아이와 함께

날이 져서 산 그림자
사라지고
길길이 서 있는
나무들 신음하듯
바람에 흔들린다
아이의 옷자락도
깃발처럼 펄럭이고
어둠의 풀이 기쁨과
두려움으로 떨고
물살의 빛들이
보이지 않게 흘러간다
아이가 무엇을 보고 있는지
모른다 아이의 얼굴도
보이지 않는다
아이의 앞으로
여름새가 떠나간
흔적이 보이고
마침내 나도
떠나간 추억만이
낮달처럼 창백하게 남은

길을 아이와 함께 손 잡고 간다
부드럽고 따스한 살
안쪽의 아이 뼈는 가녀리다
바람 불어
새 한 마리 날지 않는다

슬픈 꿈

어느 해보다도 빠른 가을이
나무마다 주렁주렁 맺히고 빛난다
아침 빛살에 부리 긴 새들이
지친 평화련 듯 흘러가고
도시의 새벽길을
청소부들이 대빗자루로 무자비하게
쓸어 헤치면서 간다 휴지들이
날아간다
밤새 술타령을 하고
골목을 돌고 돌아 비렁뱅이 같은
시인이 풀리지 않는 얼굴로
가을 대문 앞에 선다
지쳐서 도착한 나라 아이슬란드여
빙산(氷山)의 섬들이여 언덕 아래
항아리는 깨어지고
항아리는 비고
항아리는
보이지 않는다
별도 보이지
않는다

사닥다리를 타고

사닥다리를 타고 별들이
하늘 멀리로 올라가 근심스런
얼굴로 있는 밤 골짜기에서
골짜기로 등성이에서 등성이로
잡목 숲에서 숲으로
한 줄기 소리 밤하늘을 찢으며 간다
어린 날 바다 빛보다도 탱탱하고 탱탱하게
울림이 뒤따라간다 물과 바람이
아래로 아래로 나지막이 흘러가고
작은 사람들이 기슭을 돌아가고
달빛이 바늘로 찌르는 아픔을 참으며
검은 잎새에 아물거린다 아무 바람도
보이지 않는다 소리도 보이지 않는다
묵묵히 가는 사람들의 숨소리밖에
일어나세요 일어나세요
외치던 소리의 소리밖에……
그리고 그 소리도 어느 날엔지
사라진지 모르게 사라져버린다
전율이 어둠에서 어둠으로
내에서 숲으로 시대의 공기를
비틀며 간다

온화한 그늘

자정이 넘어 언제 올지도 모르는 새벽을
여럿이서 기다리고 있는 동안 희미하게
죽어가는 김종삼(金宗三)이 생각이 떠올랐다
그는 불치의 환자였다 소주병을 들고
살다가 정신병원으로 실려간 밤중에
'수면제 여덟 개를 먹었'고
'잠시 후 두 개를 더 먹었'고
'1미리 아티반 열 개를 먹었다'
'잠들면 깨어나지 않으려고 많이
먹었다' 그러나 그다음 날도 다음 날도
그는 잠들지 않고 일어나 병원 문을
나섰다 시장통으로 청진동으로 관철동으로 벙거지
모자를 쓰고 다녔다 햇볕이 따스하게
등허리를 적셨다
좁쌀알만 하게 축소된 햇빛 같은 죽음이
'主義도 純粹도 아닌 그늘을 드리우다가
사라져갔다 아무도 죽음의 그늘을 보지 못했으나
그늘은 온화했다 사랑이라고들
그랬다

대관령(大關嶺)

남이 장군도 이만쯤에서는
칼자루를 짚고 둘러보았을
곳에서 멧새들이 울고
서서히 물안개 밀려와
몇 번이고 나무들의 아랫도리를
가리고 도채비꽃이 밝은 햇살 아래
퍼어렇게 피어 눈을 찌른다
누군가가 적막(寂寞)이라고 한다
그리고 다음이 대관(大關)이라고 한다
널따란 구릉이 바다처럼
펼쳐지다가 사라지고
다시 시작되는 곳에서
산이 흔들리고 토막토막
말들이 잘려나가고
귀가 멍멍하게 달리는
그대 목소리 목소리……

앞산과 뒷산을 쩌릉쩌릉 울리는 목소리 들으며
꿈도 없이 잠든다 깊은 섬에서 혼곤히 땀에 젖어서
잠드는 사람의 마음에 떠오르는 섬은

바다가 조용히 감응하는 하현달일까

스무엿새 스무이레 스무여드레를
지나 한 발 한 발 해발 865미터
대관령(大關嶺) 마루에 오르면
작은 물결로 이뤄진

바다는 멀리 목마르게
아무 소리도 없다

얼마나 세상이 변했는가

광무(光武) 1년에 그 거리엔 어둠이
진선미처럼 내리고 봄 가을이
모습을 바꾸면서 얼마나 신속하게 지나갔던지
장안 사람들은 점심을 싸가지고
전차 구경을 갈 때처럼 종로 네거리로 나갔다.
갑오경장을 시발로 해서 아관파천(俄館播遷)
만민공동회 을사보호조약이 지나가고
3·1운동도 신간회도 문인보국회도 지나가고
찬탁 반탁의 무리들도 줄지어 지나갔다.
처음엔 문명의 속도에 경탄하여
시간 가는 줄 모르고 보고 있었으나
무엇에 질린 것인지 하나 둘 골목으로 슬슬
꽁무니를 빼기 시작하였다.
6·25와 1·4후퇴 때에는 아무도 대문 밖으로
얼굴을 내밀지 않았다. 어떤 늙은이가
어느 날 세상이 얼마나 변했는지 보려고
상체를 내밀었다가 깜짝 놀랐다.
한말에도 왜놈 시절에도 해방 때도 떵떵거리며
차를 타고 다니던 놈 나라를 팔아먹고도
부끄러운 줄 모르던 놈 그놈이 가고
있었다. 가롯 유다보다도 더러운 놈.

새

　인간의 사고나 감정과는 상관없이 봄 하늘에 날개를 그리고 있는 새를 보면서, 새의 눈을, 새의 부리를, 새의 날갯짓을 보면서, 새의 과거와 현재까지도 생각해보면서 그 낱낱의 것들이 어울려 이루는 새의 전체상을 그려보면서 불현듯 나는 새를 우리 현대사와 비교해보고 싶은 충동을 느낀다. 그러니까 현대사라는 새가 리드미컬하게 경사를 그리며 달려 내려가 날카로운 발톱으로 박종철을 채가고 이한열을 채가면서 포박과 비상의 균형을 이루는 그 생존과 질서의 반복!

　지금은 북한산 너머에서 커다란 일몰이 몰아온다 새는 나무숲으로 아무 의문 없이 사라져가고 다른 새들이 무리지어 나타났다가 다시 사라져간다.

　나는 나도 모르는 새에 제기럴 이민이나 가까부다고 씨부렁거린다. 그러자 갑자기 놀랠 일이라도 일어난 듯이 마음의 평화의 새들이 푸르고 푸른 하늘을 날아 아메리카로 알래스카로 아이슬란드로 날아가고 새의 그림자만 슬프게 남는다.

　날아가버린 새여, 너는 아름답구나, 너의 하늘은, 바다는, 여자들은, 날아가버린 새여, 너는 아름답고, 나는 슬프지만, 슬픔으로 우리 또한 아름답구나

시

새로운 축성법으로 다산이 쌓아올렸다는
아름다운 수원성이 그림처럼 보이는 곳에서
축사를 하였다

나지 마라 죽는 것이 고통이요 죽지 마라 나는 것이 고통이라는
원효사의 말을, 말이 많다고 생사고통(生死苦痛)이라고 했던 사
복처럼

시고통이라고! 니나노 집에서 김윤배 시인이
고통시라고 했다

그래 그래 내가 사랑하는 고향의
다섯 살배기 은경이는 시를 '씨'라고 했지

그 씨를 들에 뿌렸지

꽃들이 무진장 피어났었지

속이 보이는 심연으로
(1988~1991)

가을, 그리고 겨울

깊은
가을 길로 걸어갔다
피아노 소리 뒤엉킨
예술학교 교정에는
희미한 빛이 남아 있고
언덕과 집들
어둠에 덮여
이상하게 안개비 뿌렸다
모든 것이 희미하고 아름다웠다
달리는 시간도 열렸다 닫히는 유리창도
무성하게 돋아난 마른 잡초들은
마을과 더불어 있고
시간을 통과해온 얼굴들은 투명하고
나무 아래 별들이 나타났다 사라졌다
모든 것이 아름다웠다 저마다의 슬픔으로
사물이 빛을 발하고 이별이 드넓어지고
細石에 눈이 내렸다
살아 있으므로 우리는 보게 될 것이다
시간들이 가서 마을과 언덕에 눈이 쌓이고
생각들이 무거워지고

나무들이 축복처럼 서 있을 것이다
소중한 것들은 언제나 저렇듯 무겁게
내린다고, 어느 날 말할 때가 올 것이다
눈이 떨면서 내릴 것이다
등불이 눈을 비출 것이다
등불이 사랑을 비출 것이다
내가 울고 있을 것이다

光木道路

어둠과 함께 온 기억들에 싸여 나는
나를 밝혀주지 못하는 불빛을 본다
빛이 멀면 편안하다 죄가 많은
우리는 죄들이 두렵고 어둠이 내려서
아름다우니 어둠에 몸 섞는다
이런 밤 새들은 얼마나 조심스레
그들의 하늘을 날았던지
내 영혼은 어디를 방황했던지
검은 유리 같은 공기 속에서 길들은
보이지 않게 밤으로 이동하고
새로운 추억이 짐짝처럼 마른나무 밑에 쌓인다
시간이 별다를 것 없는 모습으로 흘러간다
시간을 따라서 광목도로 어디쯤 걸음을 멈추고 쉴 곳이 있을 것이다
잠시 유숙할 집이 있을 것이다
우리에게 범한 죄를 우리가 사할 때가 있을 것이다
한 사람에게만은 사랑이었고 배반이었던 여자도 어디쯤 있을 것이다
그러나 세상은 결국 너를 버리고 달려간다
세상은 고통스럽고 일어서는 자는 숨을 수 없어서 불행하다

내 가슴은 사직처럼 허물어져간다
예감을 노래해선 안 된다
나는 밤으로 간다 잘 있거라
한번도 힘껏 꽃잎 피지 못하고
한번도 힘껏 울어보지 못한
정다운 말들아 내 딸들아

아들에게

영원할 것만 같았던
시간들을 본다
아무 생각없이, 고통스럽게
지나가버린 시간들
다시 잡으려 해도 소용없는
시간 속으로 나는 되돌아갈 수 없으며
잃어버린 시간들을 다시 찾을 수도 없다
변해버린 사람과 깨어진 사랑
속에서 나는 걸음을 옮겨야 한다
남루한 저고리를 걸치고 모자를 쓰고
물푸레나무 우거진 길로, 물속으로,
이슬비 내리는 둑에서 나는 보아야 한다
세상이란 좋은 것이다
서로 잘 어깨동무하고
서로 잘 조화를 이루며 산다
비 내리는 둑에서
나뭇잎들은 푸르고
산 색은 살아나고
새로운 사람들이 슬픔 기쁨
으로 밤을 걸어가고 가끔 불 켜진

창을 올려다보며 그리워하기도 한다
날이 깊어간다 모든 것이 변하고
모든 기억이 희미해지고 모든
사랑이 딱딱한 사물로 변해간다
내 손에서 따스했던 네 손이 사라진다
이제 나는 잃어버리게 될 시간들
을 생각하고 시간들을 그리워하며
시간 속으로 들어간다 물푸레나무가
우거져 있다 시간들이 우거져 있다

智異山

눈물보다도 맑은
細石平田의 가을꽃들
날이 선 억새풀들
추억들 바람과 구름과
산봉우리들 바라보면
한없이 푸르고 선명한,
하늘에서 시간을 알리는
새들의 길고 긴 행렬과
비렁뱅이 같은 사랑의
죽음보다 깊은 걸음들
천년만년 뿌리내린
뼈다귀들의 죽음보다
깊은 걸음들

말하기 전에, 나는

여느 때와 다르게
공기가 부풀어 오르고
담장이 유리 빛으로 빛나고
들녘의 잡초들이 바람에 날렸다
어떤 관목 숲으로도 서 있지 못하는
지상엔 지나간 시간의 상처뿐
십일월의 그림자들이 다도해 물결처럼 넘실거렸다
나는 과거에도 현재에도 속하고 싶지 않다
나는 잎 푸른 가지 속으로 들어가
내가 시름을 나눌 수 있는 의자와 책들 사물들
아직도 불 켜 있는 스탠드와 불안하기는 하지만
서쪽으로 열려진 창문들
      바람은 언제나 나직이 흘러갔지
      풀숲들이 나직이 속삭였지
      나는 네 속으로 들어가
      네 속에서 편안히 잠을
그러나 잠은 꿈일 뿐 나는 잠들 수 없었다
멀리 어둠의 가장자리에서 나무와 돌 사이
언덕과 구렁 사이 죄와 벌이 서성거리고
나는 잘려진 도마뱀처럼, 시간들을 진행형으로

떠올리지 못하고 토막토막, 나누어 이해했다
엉클어진 기억들이, 어둠 속에서 악마구리같이 아우성치며
유리창을 깨트리고, 오오, 말하기 전에, 나는,
이대토록 상처투성인지 몰랐다
나는 말에게 버림받았다
버림받은 말 속으로 한 줄기 빛이
나무들을 비추고 이파리들을 비추었다
어떤 확신의 말도 나는 할 수 없다
파충류가 얼굴에 달라붙는다
절망의 부레 찢어지는 소리 들린다

어머니 강물

불볕의 모래 속으로 붉은 해 잠기고
가마우지 같은 새들이 날아가는 저녁이면
얼마쯤의 안식이 우리 곁으로 와
우리 심신을 쓰다듬어주었다
그리고 다시 고통, 고통,
본래 모습으로 어머니 강물이 흘러갔다
무언가를 생각해야 하는 검은 강물이
언덕과 마을을 스쳐
깊은 침묵으로
침묵으로……

상처

말들이 떨면서
밤 불빛 속에서 속살을
드러내고 피어날수록 뽀오얀
소녀가 풀밭으로 쓰러진다
플라타너스 아래 수은등이 빛난다
기억들이 축축하게 달라붙는다
나는 지금, 문을 열고 근거리 공원을 보고 있다
그곳에 그리움이 있어서가 아니다 절망이
있어서도 아니다 말하지는 않았지만 이 밤에는
금속성 사이렌이 단속적으로 울리고 있었으며
귀갓길이 늦은 시민들이 빠르게 지나가고 있었다
깊은 밤 나는 몇 번이고 숲 속을 내려다보고 있었다
헐떡임처럼, 헐떡임처럼, 나무들이 난폭하게 휘나부끼고
―나는 참을성 있게 보고 있었다―빠르고 선명하게 나이프 날을 빛내면서
사나이가 시간을 죄스레 칼질하고,
생채기에서 뚝, 뚝, 피가 흐르고,
아무도 주목하지는 않았지만
가로등 전열이 울고, 나는
길 위에서 아직도 푸른 그를

보고 있다 그는 오고 있다
그는 내 그림자 내 거울
나를 비추고 나를 끌안고
어둠 속으로 사라진다

방문

 로버트 프로스트 氏의 편지를 받고 그분의 목장에 갔었지요 그분이 손수 담장을 쌓고 가지치기를 한 목장에를요 오래전부터 그분은 제게 목장에 꼭 한번 들러달라고 초대를 했댔는데 차일피일 미루고 있었지요 지난 연대에는 갈 엄두도 못 냈구요 왜냐구요? 아무리 그가 전원의 시인이라지만 미국인 아닙니까? 反美가 들끓던 시절에 그를 찾기란 누가 뭐래도 꺼림칙한 일이었거든요 그래, 이래저래 미루다 지난여름 사과꽃이 한창 필 무렵 목장에 갔었지요 마침 그분은 쇠사닥다리를 타고 가지들 속으로 들어가 일하고 있더군요 아직 한 개의 사과도 열리지 않았지만 가지들은 가득 사과를 매달고 있기라도 하듯 추욱 늘어지고 향기는 들녘으로 퍼져서 벌들이 윙윙거리고 즐거움 같은 평화가 곳곳으로 퍼져가고 있었습니다 로버트 프로스트 氏가 그때 무슨 일을 하고 있었는지 기억에 없습니다 가지치기를 하고 있었는지 꽃들을 쓰다듬고 있었는지 아니면 자연이라는 대명상 속으로 들어가 있었는지…… 농사를 지어봤지만 과수 경험이 없어서 나는 알 수 없었습니다 나는 목장에 오래 있지는 않았습니다 폐가 될지도 몰라서 였습니다 목장을 나설 때 그분은 긴 팔로 나를 껴안고 등을 두드렸습니다 오던 길을 돌아 신작로로 나올 때까지 그분의 손길이 무겁게 등에 남아 있었습니다 사람의 만남이란 기적은 아니지만 흐뭇한 일인 듯했습니다

모카 커피를 마시며

이마 넓은 가을이 찾아오면
우리 마음은 둥글어진다 거년에
입다 둔 무명으로 갈아입고
식탁에 앉아 있으려니
보이지 않게 먼지들이
국화문 벽지에 쌓인다
아내가 모카 커피를
타가지고 오는 소리 들린다
모카 향내는 색다르다 아내는
향내를 조금 쓰게 타올 때도 있고
조금 달게 타올 때도 있다
내 기분에 알맞게는 하지 못한다
아내는 내가 아니므로 그렇다
아내는 내가 아니다 그러면서
우리는 함께 산다 우리의 개성인 모서리들이
조금씩 조금씩 부서지고 모서리들이
닳아지고 모서리들이 정다워지면서
죽음 가까이 죽음처럼 둥글게
감정이 고인다 감정이 가을 잎 같다
나는 커피를 마신다 커피 맛은 쓰다

아내는 사과를 쟁반에 받쳐 들고 올 때도 있다
홍옥이 가을에는 향기롭다
나는 부사가 좋을 때도 있고 배가 좋을
때도 있으련만 말을 않고
홍옥을 먹는다 홍옥 냄새가
입안을 감돌고 붉은 빛은 혀를
감칠나게 한다 향내는 감정이 된다

나는 禪맛 느낀다

후두둑, 후두둑, 기존의 질서를 파괴하면서
지상으로 떨어지는 가지각색 나뭇잎들이여!
나뭇잎의 비유여! 이 골목 저 골목에서
너희들은 광주리를 들고 떼 몰려온다
아이들을 데불고 오기도 한다
심지어 어떤 이는 장대를 들고
마음의 안정이 떨어지도록
사정없이 가지를 내려친다
후두둑후두둑 이파리들이 비 오듯 한다
형형색색으로 얼룩진 땅에서
이파리들은 떨어지는 대로 쌓이고
이파리들은 눈비에 부스러지면서
새로운 세계로 들어간다
더욱 세차게 우듬지를 흔들어라!
수동적인 땅의 수동적인 기다림 속으로
들어가거라! 그곳에는 밤의 가슴이 푸들푸들
떨고, 다람쥐 딱따구리가 새의 날갯짓보다
가벼운 발자국을 남기며 잡목 새로 사라져갈
것이다 아직도 색소가 남은 잎들이
연둣빛으로 빛나고, 이끼가 숨소리 죽이고,

바람과 눈비도 무엇인가를
소곤거리며, 살아 있는 동안의 삶을 말할 것이다
저 이끼와 바람과 눈비 같은 것들은 이대토록 내가 모르던 것!
계곡에서 저녁 안개 올라온다
나무들 짐승들이 모습을 숨긴다
들어가거라! 산속 고요 속으로
풋풋한 흙의 향기 나무 향기
존재하는 것들의 겨울 꿈꾸기
나는 보이지 않는다
나는 다른 것들을
생각한다 순간
나는 놀란다
나는 禪맛 느낀다

기차는 北으로도 南으로도

　호남고속도로 왼쪽 들판 건너 옛 친구가 살던 古幕院 驛舍가 있고, 驛舍 뒤로 마른 풀들이 소리소리 바람에 몸 맡기고 있는 언덕이 있고, 언덕 아랫길로 '기사님을 제왕으로' 모신다는 기사식당이 있음. 검붉은 식탁 앞에서는 기사들이 삼삼오오 설렁탕에 깍두기를 아작아작 씹고 있을 때, 기차는 北으로도 가고 南으로도 가고, 기사들이 흰 이를 드러내며 택시를 몰고 굽잇길을 돌아갈 때, 기차는 北으로 南으로 숨바꼭질하듯 오가고 사라지고 또 나타남. 며칠째 나는 길 위에 있음. 방향을 잡을 수 없음. 어느새 가을이 오는지 낙엽들이 떨어지고 마른 풀들이 허리를 구부린 채 여위고, 북쪽 벌판에서는 고라니와 멧돼지들이 달려내려옴. 고라니와 멧돼지들은 무엇이 보이는지 걸음을 멈추고 서 있기도 함. 간간이 새 떼들이 날아가고 행인들이 조심스레 길을 더듬어가고, 가난한 사람들의 지붕은, 울타리는……

죽은 자들이여, 너희는 어디 있는가

이 도시의 보이지 않는
눈이 나를 보고 있다
이 도시의 집들이
나무들이
창들이
굴뚝들이
새벽마다
쓸려가는
이 도시의
쓰레기와 병들과
계급과 꽃
데모와
바람과
바람의 외침들이
보이지 않는 내 손짓
보이지 않는 내 눈짓
보이지 않는 내 소리짓
을 보고 있다
보이지 않는 내 맘속의 맘까지도
저 배반과 음모까지도 보고 있다

이 도시의 눈들이 내 모든 것을 보고 있다
오오 나를 감시하는 눈들이 보는 저 꽃!
하늘의 상석에 올려진, 아직도
피비린내 나는,
눈부시고 눈부신 꽃
살가죽이 터지고
창자가 기어 나오고
신음 소리도 죽은,
자정과도 같은,
침묵의 검은 줄기가
가슴을 휩쓸면서
발끝에서 심장으로
정수리로
오오 정수리로……

이름을 뼛속까지

어떤 손이 작별을 고한다
어떤 시간에게
나무에게
새들에게
주정뱅이 사내들처럼
비틀거리는 저 죄악에게
날은 깊어가고 어둠이 내려와 대지를 쓰다듬으면
나도 밤이고 죄악이다
그대에겐 내 모습이 보이지 않으리라
그대에겐 눈이 없고 귀가 없고 어둠만이 있으므로
그대에겐 십일월의 안개가 골목을 가리고
집들을 가리면서 불빛 속에서 세계를 속살까지 비추는
슬픔을 모르리라 그대에겐 불이 없으리라
그림자가 없으리라 우산이 없으리라
그러나 죽은 자여 우리가 그대에게 말할 수 있는 것은
그대 이름을 부르지 않고 어느 산이 일어설 수 있으며
그대 이름을 부르지 않고 어느 침묵이 깊을 수 있으랴
그대보다 어떤 강이 넘쳐날 수 있으며
그대보다 어떤 바다가 크게 울 수 있으랴
오오 죽은 자여 오늘 안개 속에서

슬픈 울음들은 피어나고
이파리들이 져 내린다
나무들이 죽는다 죽음은 아픔이고 부활이다
오오 죽은 자여
길섶에서는 무슨 음모가 일어나는가
나는 지금 어디로 가는가
어디쯤에서 걸음을 멈출 것인가
나는 무엇인가 사랑은 무엇인가
나는 잠들리라
바람 속에서
안개 속에서
등불 속에서
대지에 드러누워
눈을 감으리라 꿈꾸리라
이름을 뼛속까지 부르리라

고통의 문지방

쩡쩡 울리는 목소리로
누군가 내게 말했다
개처럼 짖어라
짖을 힘도 없다면
너는 정말 길들여진 개일 것이니
그리하여 나는 짖었다
이 골목 저 거리에서
들판에서 고속도로에서
보리밭과 저녁 산
가파른 언덕바지에서
숨도 쉬지 않고
막달라 마리아도 없이
사도들도 없이
샛길을 지나고
문지방을 넘어서
아직도 불 켜지지 않은 마을의
새털구름 같기도 하고 바자울
같기도 한,
불기둥이 아름드리 나무처럼 솟아올랐다
탐욕스런 개들이 안개 속으로 달렸다

굶주림처럼 발걸음이 리드미컬하였다
이제 내 울음은 사나운 짐승의 발톱
짐승의 이빨 짐승의 비명
지평선 끝까지 넘실거린다

무등산
── 윤정선의 「詩」에 화답하여

사방에 무등산이 있었다 목포에서 올 적에 무등산은 동쪽에 우뚝 솟아 있었으나 서울에서 올 적엔 남서쪽에 있었고 다시 보니 산 너머 산속에 연봉으로 뻗어가고 있었다 날마다 무등산은 밤중이면 갈가리 찢긴 육신의 소리로, 부르면 얼굴조차도 떠오르지 않는 이름, 안타까운 눈물밖에 나오지 않는 이름들을 부르고 있었다 그런 무등산의 둥근 허리로 어느 날 춤추듯 눈이 내렸다 눈은 뺨에 녹아내리고 이마에 녹아내리고, 눈썹에 녹아내리고, 눈은 눈 위에 녹아내리면서 쌓였다 이제 산은 크고 허연 눈이었다 결정의 얼음들이 나무마다 열리고, 햇살이 비쳐들자 얼음들은 구슬처럼 빛나면서 맑은소리로 울었다 그 소리들이 골짜기로 골짜기로 퍼져 온 산이, 무등산이 쩌렁쩌렁 울고 있었다

우리는 손잡고, 기다리고 있었네

나는 살고, 숨 쉬고,
꿈처럼 본다, 하늘에서
요란스레 꽃들이 피고,
피가 흐르고, 천사들이 나팔 불고,
진압군이 몰려온다, 거리가 구부러지고
무너지면서, 심장이 터질 듯한 나는,
얼마나 손잡고, 웃고 있는가, 땀 흘리고
있는가, 고요히, 플라타너스, 이것은 최루탄,
이것은 민주주의, 이것은 방패, 하면서,
일렁이는 햇빛의 파도 속에서
흐르는 육체의 신선함으로,
신선함으로,

제6공화국

햇빛이 쨍쨍쨍
아스팔트로 파고들고
공기가 날아갈 듯하여
슬픈지 기쁜지 모를 기분으로
나는 이 나라가 붉은 애드벌룬 같다고
옛날 같으면 나는 이 나라가 언덕을 넘어가는
달구지거나 억새풀이거나 이파리들이 져내린
망월동의 겨울녘이라고 했을 것이다
그런데 지금은 애드벌룬 같다고!
정말이지 6共은 정치적 애드벌룬을 쉴 새 없이 띄운다
아직도 장군 폼이 가시잖은 대통령은 동구를 순방하고
사회주의 나라 의사당에서 통일을 역설하고
자유 평등 정의 같은 꽃다운 말들을 마구마구 지껄인다
정말이지 6共은
심연처럼 무시무시하게
심연에서 피어나는 꽃
내 죄까지도 물들이거나
씻어줄 것 같은,
미친 오델로의
웃음소리 같은

이쪽에서나 저쪽에서
아무 오가는 사람이 없고
문밖에서 신음 소리가
공기를 흔드는
놀랍도록 투명한 무대
투명한 햇빛
투명한 공화국!

말

 85년인가 86년 첫날 첫아침 신문에 말더듬이 시라고 더, 더, 더, 하는 빌어먹을 시가 튀어나와 기분을 잡치게 하더니 그해엔 유난히도 많은 사건이 터졌습니다. 부천서 성고문 사건을 앞세워 서진룸살롱 사건 김포공항 폭발 사건 ML당 사건이 일어나고 그 뒤로도 열거하기 어려운 크고 작은 사건들이 폭죽처럼 터져서 우리는 정신 차릴 수가 없었습니다. 도시 전체가 사건에 질려서 창백한 빛깔로 변조되어가는 것 같았습니다. 그해엔 또 무지무지하게 비가 많이 내리고 햇빛까지도 엄청나게 맑아서, 사건들이 일종의 혼란 속의 명료성까지도 띠어가는 것 같았습니다. 이렇게 말하는 것이 가능하다면 날씨와 사건이 선명한 조화를 이뤘다고 할까요. 그런 어느 날 나는 4호선 지하철을 타고 충무로역을 지나고 회현역을 지나다가, 하늘에서 내려오기라도 한 듯한 예쁜 여인을 만났습니다. 나는 그 여인에게 예쁘다고 예쁘다고 말하고 싶었는데, 예쁘단 말은 나오지 않고 메뚜기 같은 끽끽거리는 소리만이 나왔습니다. 다시 말하려고 해도 일반이었습니다. 화가 머리끝까지 치밀어서, 나는 그만 발을 동동 구르고, 유리창을 차고, 이런 놈의 세상, 뜩뜩 같아서, 천지개벽이나 하라고 소리치고 싶었는데, 난데없이 한 사나이가 나타나, 이단치기로, 내 턱과 옆구리를, 치더니, 이 새끼, 이 신성한, 서울 시민의 교통수단인 지하철서까지 데모를 해, 하고 나를 질질 끌고, 파출소로 갔습니다. 나는 그곳에서 직사하게 맞았습니다. 조금도 억울하지가 않았습니다. 나는 내 말에게, 나는 시원했습니다.

바다

사랑하였던 바다가 사라지고 검은 바다에
철침 같은, 비가 비, 비, 비, 꽂힌다

그리운 날

이렇게 연민들이 사무치게 일어나는 날은
우리 강으로 가, 강 볼까, 강 보며 웃을까

베드로

골목에는 띄엄띄엄 병사들이 늘어서고 어둠이 소리 없이 밤으로 기어 들어갔다. 밤밖에는 아무것도 보이지 않았다. 나는 검은 벽면에 등을 붙이고 서 있었다. 시간들이 우수수 떨어지고, 시간들은 골목과 골목으로 토네이도처럼 쓸고 갔다. 다리가 후들후들 떨렸다. 나는 꽉 찬 밤의 모서리에 서 있었다. 언덕으로부터 가을이 우수수 떨어져왔다. 가을은 검푸른 망토를 쓴 유성과도 같이 그렇게 정수리를 울리며 떨어져왔다.

밤손님이 내 목덜미를 움켜잡고 그들의 소굴로 데리고 갔다. 그들의 침상에 던졌다. 나는 며칠 동안 그들의 침상에 누워서 그들이 저녁마다 문을 밀고 나가는 소리와 문을 밀고 들어오는 소리를 들었다. 그들은 해거름에 올 때도 있었고 새벽녘에 올 때도 있었다. 그들은 소리에 대한 병적인 기호를 가지고 있는 것 같았다. 그들은 놀래키는 것을 좋아하지 않았다. 그들은 살쩨기 웃고 손짓하고 방 안을 되는 대로 어지럽히면서, 세상을 치울 게 뭐람, 어차피 말세가 오면 세상은 뒤엎어지고 말 텐데, 하는 식으로 사방에 물건들을 늘어놓고 있었으며, 그 늘어놓음은 일종의 종교적인 의식인 듯했다. 어느 날, 비가 억수로 쏟아지던 날은 모두 창밖으로 나와 물끄러미 비를 그렇게도 천진한 눈으로 보고 있었는데, 그들 가운데는 여자도 있었고 늙은이도 있었고 종달새도 있었고 뱀도 있었다. 어떤 사람이 문둥이도 있다고 말했다. 그 소리를 듣자마자 나는 소스

라치게 놀라 일어서서 빗속으로 뛰어나갔다. 나는 들판으로 나갔다. 그와 함께 목을 축이던 샘가로 갔다. 그곳에는 문둥이는 없었고, 그곳으로 가는 길도 없었고 무의미한 들판만이 고즈넉이 뻗어서 싸리나무 숲을 흔들고 있을 뿐이었다.

교회당 언덕에서

다리 위로 화물차량들이 덜커덩덜커덩 가고
천막이 흔들린다 카키색 잠바가 잠이 덜 깬 얼굴로
천막을 밀고 나와 새벽 공기를 마시면서 목운동을 하고
아직도 십자가가 번쩍번쩍 빛을 발하는 교회 층계에 주저앉는다
손바닥만 한 마당의 사루비아가 불탄다 잠바는
보는 둥 마는 둥 꽃밭에 침을 칙칙 뱉고 팔팔을
입에 물고 바지를 털고 일어선다 천천히 전망
좋은 언덕으로 올라간다 오늘은 압구정동으로 갈까 이태원으로
갈까 다시 또 침을 칙칙 뱉고 하늘을 보고
휘파람 불며 언덕으로 내려간다 천막 문을 열고
빨간 스웨터가 잠바를 본다 잡초가 때마침 바람에 사납게 날린다

落果

악, 악, 소리 지르며
한밤중 한 말이
떨어진다
더는 제집에
몸 붙일 수 없으므로

아침 햇살처럼

아침 햇살처럼
새해에는 우리를 밝게 하소서
청소부도 집배원도 야쿠르트 아줌마도
농부도 교사도 학생도 모두
얼굴이 활짝 밝게 하소서
그들의 골목마다 웃음꽃 피게 하소서
색깔이 다른 공포 사라지고
교도소와 유치장도 사라지고
벗이며 형제인 너와 내가 거리로 뛰어나가
민주 만세 부르던 날도 사라지고
민주 만세만 우리 혈관 속에 살아남아
새해 새 아침을 밝히게 하소서
새 아침에는 사랑하는 사람들 서로 보고
서로 부르며 찬양하게 하소서
서로 손잡고 밝은 햇살 어깨동무하고
길과 길이 이어지고 산과 산이 모여서 하나가 되는
저 무등과 백두처럼 우리는 서로가 서로의
어깨이며 등이게 하소서
이 세상 우리는 모두
바람이고 나무이고 모래이고 달빛이고
우리 모두 반향하고 표상하는 존재들이니―

바다 멀리 유채꽃들이

바다 멀리 유채꽃들이 무시로 져 내리고 햇빛이 쏟아져도 까닭을 알 수 없는 내 귀는 바다에로 향한다.

제 슬픔의 깊이를 제가 모르는 가을아 겨울아 봄아 나는 너희 속에 몸 섞으며 미끄럽게 놀고 안개 피웠나니.

날 가고 또 가서 한 별이 떨어지는 언덕 더 이상 무어라 말할 수 없는 애틋함이 밤새처럼 흘러간다.

가엾은 오필리아처럼
물속의 오필리아처럼……

아내에게

시간의 빛살들이 간단없이 흘러가던
성북역 철로변에 쑥니풀이 돋아나는 계절이면
고통의 씨앗들이 자라나 슬퍼지면서
우리는 언덕을 보았지 높고 둥근
언덕에서는 잡풀 향내가 코를 찌르고
가끔씩 파열음 섞인 아이들 함성이
하늘을 울리고 넘어가려 하는 햇살의
엷은 미소가 비친 이마에서
그림자들 넘실거렸지
나는 그 이마를 손등으로 쓸며
쉴 새 없이 입술을 댔다
손발을 가만히 쥐기도 했다
가을이 향기롭지요? 저기로 가봐요.
이리로 와봐요 당신 손을 내 손에 얹어요
우리는 손잡고 긴 길을 걸었지
긴 이야기했지
끊어지려 하는 현의 떨림처럼
삶은 아프겠지만 서로가 제 자신의
아픔을 아파하고 아파하는 마음들이
기도가 될 때 안식은 찾아올 거예요

우리는 손잡고 계속 걸었지
누이 같은 여자여, 끊어지려 하는 목소리로
그대는, 그러나 노래하지 않았지
계속 보기만 했지

비원 기억

펼쳐진 길을 따라 고궁을 지나다가
잎들이 떨어지는 작은 다방에서
당신을 보았습니다 긴 시간을
기다리기라도 했던 듯 당신의
목은 길어지고 목소리는 울렸습니다
그날 우리가 무슨 이야기를 나눴는지
기억에 없습니다만 시간들이 굉장히
빠르게 소리치면서 흘러가, 거리에 내리고,
거리를 덮고 다시 만났을 때는
더할 수 없을 정도로 눈이 내렸습니다
눈이 우리 사랑을 방해하지는 않았습니다
눈이 우리 발길을 유혹하여 돈화문을 지나고
부용정을 지나서 고샅길 같은
숲 속으로 걸었댔습니다
종종 두 발이 눈 속에 빠져 비틀
거렸습니다만 그렇다고 눈이 시샘 많은
여자 같다는 생각은 않았습니다
눈이 우리 편이라고 생각했습니다
몇몇 새들이 가지 위에서 차가운
소리로 울었습니다 나도 울었습니다

그대여, 내가 그 겨울 어떻게 당신 손을 잡았는지
나는 모르겠습니다 부끄러움 때문이었을지도
모르겠습니다

즐거운 딸들

즐거운 딸, 바람쟁이 딸들! 그들 땜에 우리 집은 얼마나 소란스러운가!

구름처럼 젖가슴이 벌어지고 입술이 빨갛게 물들어가지고 남자들을 라켓으로 바꿔치면서 그들은 신촌으로, 압구정동으로! 꿈에서도 남자들이 꽃다발 바치며 애달아해도 슬쩍슬쩍 눈 피하고 향기 피웠지 전화질했지 어려서부터 큰애는 바람쟁이여서, 숙제 끝나면 거울 앞으로 가, 땀 뻘뻘 흘리며 춤을 추었고, 둘째는 가끔씩 고장 난 로봇춤을 추었지 아름다웠지 그들의 춤은 목적이 없고 관객이 없으므로 그들 자신이 춤이고 즐거움이었으므로

꽃 같고 나비 같은 처녀들이여! 춤추는 처녀들이여!
화가 잔뜩 난 얼굴로 어른들이 불러도
돌아보지 말아라 춤추며 가거라
너희들, 있는 세상, 벼락처럼
장미 피고 향기 넘치노니
어느 날 애인에게 바람맞고
자존심 상해할 때, 오매!
우리 딸 바람맞았네 놀릴지라도
기죽지 말아라 바람피워라
바람이 이 세상 생명이고 기쁨이니

우리들이 걸었던 길의 고통의 시간 속에서

기억들은 행복하다
우리들이 걸었던 길의
고통의 시간 속에서 같은
동작을 반복하며 아침마다
눈부신 햇덩이로 솟아오르고,
이슬을 털고 바지런한 애인들이
길을 가고, 농부들이 간다
빛을 뿜어라 덩덩 울려라
더욱 높이 사랑의 새들이 오르고
푸른 풀잎에서 이슬이 떨어지고
애인들이 순간 걸음을 멈칫한다
그러면 들판의 그림자들이 감싸듯이
그들을 가린다 그러나 떨어질 것들은
결국 떨어지고 만다 애인들은 처음의
맹세를 거두고 서로 다른 길을 가고
어둠 잠긴 참혹한 많은 시간들이
그들을 할퀴고 간다
이제 나는 가야 한다
떨린 어깨를 두 팔로 감싸며
내가 걸어온 길의 붉은 노을과

내장을 꺼내놓은 것 같은 생생한
황토밭 고샅길 추운 나무들
나는 내 거울에 입술을 대고
내 손으로 나를 만져야 한다
저녁 창가에서 반쯤 문 열고 스웨터 입고
나는 저물어가는 하늘을 봐야 한다
나는 가야 한다 어둠 속에서도
보이지 않았듯이 이제 나는
빛 속에서도 기억 속에서도
보이지 않는다

病後에

줄기차게 쏟아지던 장맛비를 비집고
무지개가 기일게 남쪽에 섰다
종합청사가 들어선
과천에서 압구정동 쪽으로,
걷기 어려운 몸을 지팡이에 의지하고,
한 걸음 한 걸음 걸어간다, 나는
청계산 아래 사거리에서 걸음을 멈추고
무지개의 일곱 색을 본다
프리즘이 없어도 색색으로 빛내는
빗방울이 황홀해, 비 머금은 나무들이
야릇하게 반응하고 공기를 탐하는
후각이 나무들을 기억하려고 흥흥거린다
나는 오늘 후각을 여기 놔두고 싶다!

밭고랑 옥수수

내 눈이 너를 보고
내 귀가 너를 듣는 동안에
감추인 아침이 차츰차츰 열리고
감당할 수 없이 세상이 밝아온다
경이로운 아침이여 새벽부터 길들은
사립을 나서서 숨소리 깊은 들로 간다
내가 처음의 나그네라고 생각해서는 안 된다
부지런한 농부들은 벌써 몇 사람째 이슬을 털고 갔다
그들의 발걸음이 들을 깨우고 비린내음 물씬한
밭고랑 옥수수들을 흔든다 옥수수들이
눈 비비며 일어나 제 모습 본다
눈물로 얼룩진 모습을 본다
우리도 어느 날, 들을 가면서 우리가 지나는 모습
볼 것이다 긴 낫 들고, 긴 낫 내리며
존재하는 것들이 밝게 얼굴 드러내는 모습

房

나는 이상한 방에서 살았지
두 사람이 누우면 꽉 찬 꼬막 같은 방
신양문고 몇 권 시집 몇 권 검은 상 하나
창문을 열면 바람이 소리쳐 들어와
켜켜이 쌓인 먼지 날리고
머리카락 같은 감정들을 흐트러놓는,
원고지와 잉크병 빛나는 눈을 뜨고
주위를 노려보는, 아무도 그 방에는
들락거리지 않았지 밖에서는
몇 번이고 땅이 얼었다 풀리고 세모래들이
황금빛으로 흘러내리고 또
흘러내리는 꿈을 꾸었지
꿈이 양식이었지, 꿈이 산이고
다도해고, 구름, 비, 눈이었지,
겨울이면 사시나무 떨듯 몸을 떨며 보냈던 추운 내 방
내 집, 지금은 그리운,

이제 나는 잠을 자야겠습니다

새들이 모두 흘러갔나요 밤이 됐나요 아침이 됐나요 새들이 울고 있는 듯한데 아침 새들인가요 그들이 인사하러 왔나요 그래도 이제는 소용없겠습니다 내게 소중했던 시간들은 사라져버렸습니다 이제 나는 잠을 자야겠습니다 안녕히 계십시오!

詩

비 내리는 날은 모두가 허깨비 허깨비

그녀가 푸른 스카프를 두르고 이상한 모자를 쓰고 서양 여자들처럼 도전적인 걸음으로 다가와도 비 내리는 날은 이미 모두가 비이고 죽음이다 지나온 시간들이 멀리멀리에서 아우성치며 손을 내밀어도 시간들은 이미 죽음이고 추억일 뿐이다

서릿발같이 차가운 세계여 나는 이제 네 앞에 서서 얼굴을 비춰보고 싶지 않다 나는 아름다움과 본질 같은 것을 보고 싶지 않다 그것들은 모두 구겨지고 짓이겨지고 뒤죽박죽되어 시간 속에 처박히는 시간이 되고 만다

세계여 나의 시는 이제 비 맞은 나무 비 맞은 새 비 맞은 들녘

이런 시를 쓰면서 제법 나는 시인인 체하고 싶은 모양이지만, 엿먹어라, 지금은, 가을, 대지에 비가 내린다, 비가 내린다

새벽 꽃

밤이면 이슬 내려 사라지려 하던
빛깔이 되살아나면서
죽은 우리를 고요한 눈으로
본다 용서하기 어려운 자들의
몸에서 피어난
밤과 낮에 환한
예닐곱 송이 꽃
붉은 눈꽃

黃土밭 지나며

사람들이 예닐곱, 대나무 숲을 지나
마을로 들어갑니다 내가 탄 버스도,
석축도, 구부정한 비탈길과 옥수수 이파리들도
저 멀리 붉은 염장산처럼
신음을 토하고 뚝뚝 피 흘립니다
도시의 젊은이들은 이 시간이면 바람난
여자들을 찾습니다 어제도 역전 앞
라인호텔에서는 마피아를 본뜬 폭력배들이
검은 양복 입고 검은 넥타이 메고
여자들을 욕보였습니다 시민들은 구경
했구요 어쩌다 이렇게 됐냐구요? 피 때문이라구요?
그럴지도 모르겠습니다
새빨간 황토밭을 지나가면서 황토밭 생각하노라니
천년 고통이 땅에 스며 저렇듯
붉은 흙 됐으리란 생각 듭니다
그렇다면 우리가 지금 가고, 가며 흘린 피는
이후에 어느 땅 물들이느냐구요? 글쎄요?
우리가 꿈꾸는 땅이 아니겠느냐구요? 글쎄요?
(당신이 생각해보시면 알게 되겠죠 당신이 질문했으니까)

이 말 저 말 시인

한 시인이 있었습니다. 시인은 지독한 민주주의자여서 말들이 평등하지 않은 것을 좋아하지 않았습니다. 시인은 날마다 이 말은 저 말보다 작고 이 말은 저 말보다 짙고 이 말은 저 말보다 돼먹지 않았다고 불평하면서 아침저녁 말들을 찾았습니다. 시인은 책들을 뒤지고 시장통을 누비고 큰길을 지났습니다. 마을 앞 당산나무 아래서는 낮잠을 늘어지게 자고 과객과 장기도 한판 두고 산 넘고 물 건너 갔습니다. 어느 나라에서는 과부를 만나 오랫동안 살기도 했습니다.

그해엔 눈이 엄청나게 내리고
산사람들이 눈에 빠져 오도 가도 못했습니다
마음이 유리처럼 언 시인은
무릎을 쭈그리고,
멀리 꿈결처럼
말의 소리 들으며,
말들이 등거리에서
서로 부르고 욕망하는 것을 보았습니다
시인의 가슴속에서는 수많은 봄과 가을이
한꺼번에 흐르고, 아침 저녁이 함께 타올랐습니다
참을 수 없어서 시인은 길을 박차고
떠났습니다 저문 들녘에 무럭무럭

솟아오르는 길을 시인은 보았습니다 대무신왕의 마누라 것보다도
더 큰 똥 덩이에서 김이 솟아오르고
있었습니다 들개들이 으르렁거렸습니다
구린내가 진동했습니다

詩에게

산 깊이 헤매어
붉은 꽃 푸른 꽃
찾아내었네
기쁨도 슬픔도
말할 수 없었네

그대에게 한아름
보내려 해도
그대가 꽃이니
보낼 길 없네

꽃이여! 라고
소리쳐 부르며
조용히 그 앞에
설 뿐! 그뿐!

그를 만난 것은 그 뒤였다

나는
홀로 있다
텔레비전과 책상과 식탁과 더불어
낡은 매트리스 위에, 개구리처럼, 오도카니.
아내가 내려올 때는 아내가 왼쪽에,
내가 바른쪽에 눕고, 딸들이 올 때는
딸들이 매트리스 위에,
내가 바닥에 눕는다
오늘은 아내의 그림자도
아이들의 냄새도 없다
홀로 있다
밤중에는
별들 흐르고
바람 속에서 풀잎들이
흔들렸다 꺾어진
가지도 몇 쯤은 있었다
나는 티코를 타고 광산으로 비아로 갔다
 마을 토담이 광채를 뿜고, 산자락 아래 젖소들이 풀을 씹으면서 하얗게 웃고, 농부들이 논에서 풀을 뽑았다 햇볕이 비처럼 쏟아져 내렸다 고속도로를 따라 한참을 더 가면 돌가루 뒤덮인 시멘트 공장이 나오고, 잿빛 땅과 안개비, 아우성이 사람들의 목을 조였다 지상에 존재하는 모든 것들이 서로 미워하고, 서로 그리워하며, 빛나고 있었다

한밤중, 나는 팬티 입고 껌을 쩍쩍 씹고, 벽에 기대어 물구나무 서기 하고, 어디라 없이 욕을 퍼부었다 텔레비전에서는 이미자 그림이 나왔다 나는 또 욕을 퍼부었다 다시금 성곽 같은 외로움이 나를 둘러싸고, 나를 가두었다 씻지 못할 귀를 길 밖에 두고, 오오, 헐벗은 몸이여! 몸이여! 그대는 어떻게 저를 이기고 저를 버리는가! 어디에서 저를 보는가!

나는 오늘 없는 얼굴에 반항하고 싶어서, 심연 가득 기름을 붓고, 불을 붙인다 나는 북 치고 장구 친다 나는 唱한다 검은 산, 검은 나무가 흔들리고, 쓸 만한 시간들이 쓰레기처럼 들판에 방치된다
매일 밤 나는 광산과 비아로 간다
환히 불이 켜 있거나 꺼진
창가를 지나간다
남들은 모를 것이다 내가 여위어가고 있음을……
맑은 날들 속에서, 말들 속에서, 말들이 외로움이고 형벌이노니, 오오,

세상으로 이어주는
전화 코드를 내일, 내일 아침에는 뽑아버릴 것이다

개꿈

해 지기를 기다려
숲 속으로 들어갔다
얼마를 걸어갔던지
길이 사라지고 돌 틈으로
시내가 나오면서
나무들을 만났다
나무들은 생김새만큼이나
하는 짓도 가지가지여서
어떤 나무는 푸른 치아를
드러내며 인사하였고 어떤 나무는 수액이
마르지 않은 손을 내밀었다 그러자 내 손도
그의 손으로 다가가고 내 눈도 그의 눈으로
마음까지도 그의 마음으로 가서 나는 악수하고
입 맞추며 어우러지고 있었다 여름 되자
이파리들이 무성해지고
이파리들이 무거워지고
이파리들이 져 내렸다
이파리 위로 눈이 내렸다
눈들이 소곤거렸다
사람나무야 사람나무야

泉隱寺 길

우리가 걸어갈 새로운 물살이 흘러간다
우리가 생각할 새로운 물살이 흘러간다
우리가 꿈꾸고 반성할 물살, 우리가 해찰할
물살, 우리가 욕지거리를 퍼붓고, 우리가 저주할
물살이 흘러간다 물살은 살아서 흘러간다
어떤 때는 수직으로 곤두박질치고
어떤 때는 화려하게 물보라를 뿌리고
어떤 때는 느릿느릿
저를 잊고 저를 생각하면서
머릿단같이
어깨 너머 가랑이 사이로
육감적으로 흘러간다
가을 되어 단풍잎이 우수수 떨어지고
단풍잎이 물속으로 얼비쳐들어가
물속을 빨갛게 물들이고 씻어낸다
우리 마음까지 빨갛게 물들이고 간다
우리가 간다 천만 가지 단풍잎이 비 오듯
떨어지는 가을 泉隱寺 길로!

담쟁이덩굴

문예진흥원 뒤 토탈디자인 2층 건물의
붉은 벽을 감고 올라간 담쟁이덩굴이 비바람
맞아 참을 수 없는 충격으로 설레던 날은
한 도시에서 다른 형식으로 사는 너를
생각하는 것이 당연한 일일지도 모르지
너는 베란다에 빨래를 널거나 책을 읽고
있을지 모르지 여름이 간다고 말할 수도
있겠지
그런데 나는 '가는 여름'을 모르고 수천수만의
동요가 일어나는 담쟁이 이파리들의
돌연함에 놀라 떨고 있다 우리 맘속에는
한없이 일고 있는 이파리들의 어두움이
있을 것이다 깜짝깜짝 깨어나는 전율도
있을 것이다 담쟁이덩굴에서 비바람 소리
들리고, 우리가 우리 그림자를 뒤돌아볼 때
우리 시선의 어둔 곳으로 불길한 시간들이
줄달음질 쳐 지나가고 있을 것이다

날마다 산길 1

숲 속으로 들어갔어요
뭉개구름 같은 숲 속으로요
햇볕이 강한 날인데도
빛방울 하나 들어오지 못하고
나무들이 숨 막히게 들어차, 가느다란
신음이 터져 나오더군요 처음에는
왼발이 아아아아 소리지르고 뒤이어
바른발도 조금 낮게 아아아아 하고……
나는 그것이 감각적 충격 때문이라고
생각했어요, 정말이에요, 얼마나 캄캄했던지,
나무들이 굉장한 속도로 자라고, 바위가 여기저기 돌출하고
나중에는 계곡의 후미까지도 바람처럼 트이어,
나는 이제, 어떤 나무 아래 있는지
밤 지나 마을은 어디로 가는지
어떤 밤으로 흘러가는지
그대는 어째서 입구에서 우는지
너무나도 아프고 아픈 기억들
이 바위에서 저 바위 새로
퍼렇게 한 송이
약초꽃 피었네

가다가, 가다가,
보라고 피었네

날마다 산길 2

도선사 길을 오른다
큰 바위 아래 가쁜 숨 쉬고
암자 곁 샘에서 물 한 모금 먹고
눈 마주쳐도 얼굴색 바꾸지 않는
비구니를 뒤에 두고 지상에 그림자 하나
떨어뜨리는 일 송구스러워하는 마음을
생각한다 적멸보궁이 어디죠? 물으니
눈으로 대답한다 어두운 눈빛!
신발을 벗고 보궁으로 들어가,
나무아미타불을 곡조를 넣어서
읊조리는, 나는, 일어서고 허리 굽히는
불자들을 넋도 없이 본다
내려오는 길—북한산 바위들이 꽃처럼
피고 냇물 소리 깊은 곳에서
어떤 사내가 어두워 소리지른다

날마다 산길 3

꼭지에 바람을 거느리고 손이 많은
나무들이 고개를 구름 쪽으로,
그러나, 구름은 아랑곳하지 않고 흘러간다
아픈 다리 끌고, 나는 심호흡한다
시간이 물들어 어느새 단풍나무 잎들이
떨어지고 양치식물들이 바위 곁에서, 바위 감으며,
바위들이 어째서 꽃이 되는지, 입을 다문다
나는 바위들과 함께 땅에 뿌리내리고, 집 짓고
조금씩 눈물 흘리고 조금씩 웃음 지으며,
아미타불 외운다 절망하는 일이 결코 없다,
이 숲 속에서, 나는, 침묵 배운다

날마다 산길 4

그렇게도 단단한 가슴을 빠개고
터져 나오는 도봉산 골짜기 바위꽃!
오늘은 따갑게, 가을 물살에 추파 띄우네
등산객 서너 명 야호야호 소리지르며 비탈 오르고
어머니처럼 깊이, 산이 숨 쉬는 소리
나무 위로 구름 흐르는 소리
햇빛 소리, 냇물 소리, 소음 소리
천상의 것들은 올라가고
지상의 것들은 내려가
그늘 깊은 땅으로 스미네
쓰라린 길 위에서 나는 걷네
바퀴가 마차를 빠져나가고
밤을 새고, 어느새 숲은,
찰랑찰랑 어둠 넘치네

말에게

돌로 쳐라 깨부숴버려라
침을 뱉어라 울대를 비틀고
꽁지를 뽑아버려라
장희빈보다도 몇십 배
더럽고 냄새나는
슬픈 것들아
오늘 밤은 커튼을 내리고
램프를 켜고 네 푸른 질로
들어가 너를 밝혀보아라

내 시는 詩의 그림자뿐이네

詩와 밤새 그 짓을 하고
지쳐서 허적허적 걸어 나가는
새벽이 마냥 없는 나라로 가서
생각해보자 생각해보자
무슨 힘이 잉잉거리는 벌 떼처럼
아침 꽃들을 찬란하게 하고
무엇이 꽃의 문을 활짝 열어젖히는지
어째서 얼굴 붉은 길을 걸어
말도 아니고 풍경도 아니고
말도 지나고 풍경도 지나서
소태 같은 나무 아래 서 있는지

굴참나무숲에서 아이들이 온다
(1991~1998)

밤에는 고요히 어둠을 본다

오늘 아침에도 버드나무가 몸 비비는 소리 들으며
눈을 뜨고 일어나려니 저 멀리 立巖山 쪽으로
새들이 골짝을 만들며 내리는 것이 보인다

강가에서 다 자란 풀들이 시끄럽게
이파리를 날리며 동쪽으로도 서쪽으로도 쏠린다

오후엔 굵은 비가 들녘을 때렸다
순간 자연의 평화가 깨어지면서 넘실거렸다

나는 버드나무 아래로 송사리 피라미 물방개 같은 것들이
굽이치는 물속으로, 거칠고 맵시 있게 노닐면서
사라지는 것을 본다

밤에는 고요히 어둠이 온다
나는 더듬거리며 '어둠이여'라고 부른다
어둠이 이불처럼 감싸고 잠들 준비를 하게 한다

아침 詩

굴참나무는 공중으로 솟아오른다
해만 뜨면 솟아오르는 일을 한다
늘 새롭게 솟아오르므로 우리는
굴참나무가 새로운 줄 모른다
굴참나무는 아침 일찍 눈을 뜨고
일어나자마자 대문을 열고 안 보이는
나라로 간다 네거리 지나고 시장통과
철길을 건너 천관산 입구에 이르면
굴참나무의 마음은 벌써 달떠올라
해의 심장을 쫓는 예감에 싸인다

그때쯤이면 아이들도 산란한 꿈에서
깨어나 자전거의 페달을 밟고 검은 숲 위로
오른다 볼이 붉은 막내까지도 큼큼큼
기침을 하며 이파리들이 쏟아지듯 빛을
토하는 잡목 숲 옆구리를 빠져나가
공중으로 오른다 나무들이 일제히
손을 벌리고 아이들은 용케도 피해 간다
아이들의 길과 영토는 하늘에 있다
그곳에서는 새들과 무리 지어 비행할

수가 있다 그들은 종다리처럼 혹은
꽁지 붉은 산비둘기처럼 이 가지에서
저 가지로 포르릉포르릉 날며 흘러
내리는 햇빛을 굴참나무처럼 느낄 수 있다

나무가 자라는 집

나무가 자라는 집에서는 작고 애매한 파동이
아침 내내 일어 새들이 무리로 물어내어도
멈추지 않았습니다 집 안은 잡목 숲을 따라오는
파동 때문에 금세라도 지붕이 무너져 내릴 듯
했습니다 그 집의 역사가 유지되는 것은
순전히 숭숭 구멍을 뚫어대는 동박새라든가
딱따구리 새앙쥐의 역할인 듯했습니다
한낮이 되어 늙수그레한 남자가 나타나 비음이
심한 목소리로 무어라곤지 중얼거렸지만 파동은
조금치도 변동이 없었습니다 나무가 자라는
집을 구성하고 있는 지붕과 유리창 마루
거실 들은 파동에 떨고 반향하며 근원 같은
곳으로 사라지는 듯했습니다 오후가 되자
대문 두드리는 소리가 한동안 울렸건만
아무도 뒤란을 돌아 문을 따주러 가는
사람은 없었습니다 나무가 자라는 집은
더욱 깊은 파동 속으로 들어가 움쭉도
않았습니다 해 질 무렵 예의 남자가 잠시
나타나 뒷걸음치듯 주춤거렸지만 그것도
잠시, 남자는 잡목 숲으로 사라지고, 시간이

열렸다가 닫히고 나무가 자라는 집은
깊은 적막으로 빠져들어갔습니다

구천동 詩論

내 고독이 내 앞에 있다

커다란 집인 양 덕유산은 나를 감싸고 물소리들이 발에 걸려 비틀거린다 굴참나무 청시닥나무 복장나무 왕솔나무 들이 물안개 속에서 그림자 던지고 행락객이 사라진 이제 사방은 고요뿐 그뿐……그것들도 물속 깊이 흘러 보이지 않는다

나는 저녁 구천동 길을 간다 새들이 숲 속으로 사라지고 무량의 시간들도 사라진다 돌아보면 길섶에서 모습을 감추던 기억도 이 시간에는 옷자락을 끌며 어디론가 사라진다 나는 발밑에서 고요가 부서지는 소리 듣는다 사물들이 제각각의 소리로 중얼거리고 얼비치며 떠나간다 나는 고요의 깊은 속으로 들어간다 고요의 정수리 부근에서 숨을 죽이다 경신년 시월 입적했다던 지광국사를 생각한다 그의 수도와 입적과 謬習을 생각한다 이제는 그의 일대기에 취한 새들과 함께 눈을 감고 있다

아직도 이슬비는 어깨 적시며 내리고 무색계의 시간들이 물소리와 더불어 계곡을 치며 간다 이런 밤에는 어찌 죽음인들 소리 나지 않겠는가 구천동인들 그의 길을 슬퍼하지 않을 수 있겠는가

물과 새와 구천동, 구천동의 시간이 침묵과 같은 깊은 얼굴을 하고 있다 경신년 시월도 낯설어 하는 얼굴을 하고 있다

　구천동은 어둠이다 구천동은 침묵이다 구천동은 죽음이다 구천동은 물이다 지난여름엔 장마가 길어 물소리 그치는 날이 없었다 그렇다고 물이 길 넘어오는 일도 없었다 언제나 물은 길과 개울쯤에서 소리 내며 흘러갔다 매장시편의 시인 임동확이 어느 날은 길을 이탈하여 물속으로 들어갔다 이웃 시선들을 개의치 않았다 임동확은 물과 함께 흘러가면서 물의 부피만큼 부풀어 길 위로 넘실거린 때도 있었으나 물속의 제 그림자를 보는 시간이 많았다 그는 지광국사를 생각지 않았다 그의 입적도 생각지 않았다 그는 물이었고 죽음이었고 침묵이었다

　덕유산 꼭대기에는 빈집이 있다
　빈 침대와 의자도 있다
　그곳에서 사람들은 별을 보고 있다

　경신년 시월 귀천길을
　걸어 구천동을 간다
　물소리 어깨 적시고

물소리들이 소리하면서
무색계의 시간들 흘러간다

오늘은 굼벵이 같은 나도

죽음조차도 색이 푸르게 물을 그리워하며 산 밑을 돌아가는 봄날에는

일을 멈추고 여인들은 치마 가득 바람을 맞는다 아지랑이들이 각각의 냄새를 풍기며

오얏나무에서 배꽃나무에로 넘실넘실 이동한다 벌들이 잉잉거린다

사방은 숨소리 하나 없이 고요하다 피라미들이 물 위로 떠오르고 나무들이 우듬지로 물을 나르면서 가지 끝 귀를 세운다

오늘은 굼벵이 같은 나도 허리를 세우고 귀를 모으고서 꽃상여처럼 찬란하게 봄을 엿듣는다

眞佛庵

대륜산 중머리에 진불암이라는 암자 한 채 가랑잎처럼

떠 있다 비 오고 바람 부는 날에도 나무아미타불을 읊

조리며 물 아래 그림자를 보고 있다 보살들이 산문으로 들어서는 오후가 되면 풍경 소리 울고 바람도 없이 보리수 잎들이 떨어져 내리고

어스름이 뜰을 덮는다 바로 그런 순간에 혹은 그보다 훨씬 늦은 시간에 밤은 거기 발을 내리고 뱀처럼 똬리를 튼다

검은 산문으로 목을 빼고 보면 마음 깊은 사람들이 오

는지 잎새가 설렁이지만 모습을 보이는 이는 없다

산문에는 艸衣도 淸華도 없다

반세기가 번뜩 지나간 어느 해 저녁

반세기가 번뜩 지나간 어느 해 저녁노을이 바다에
가득 내리면서 한 비바리가 깊은 속으로 들어가 살이
떨리는 그리움으로 소리 지른다.
심해어들이 떼 지어 흘러가고
기포들이 수도 없이 입을 벌리고 일어선다.
지상에는 우리가
아는 이름들이 하나둘 사라져간다.
기다리는
사람의 집도 허물어져간다.
이제 햇빛은 캄캄하고 새의 울음도 더 이상
들리지 않는다. 바다의 언덕에는 침묵이 발을 내리고
보이지 않는 소리들이 이곳저곳 뿌리를 뻗는다.

언덕 너머 골짝으로

언덕 너머 골짝으로 내를 건너
숲으로 바람이 흐르는 것이 보인다
언제나 바람은 다른 곳으로 이동하며
사물을 흔들고 사물을 산란하게 한다
그런 날이면 창밖에는 버드나무들이 느리게
흔들리고 벽시계 소리 똑딱똑딱
적막하게 울리고 한길에서는 아직도
흐르는 것들의 소리가 계속 일어난다
나는 심호흡을 하고 다시 의자에 앉는다
나는 마음을 진정하고 소리들이 골짝 너머
여울목으로 사라지고 어느 곳에선가는
일어서면서 먼 산을 흔드는 소리를 듣는다

나는 꿈꾸려고 한다

바람이 별로 없건만
두륜산 속 길에는 가랑잎이
뚝뚝 떨어져 내려 길을 덮는다
고요도 이 시간에는 멈추지 않고
흘러 두더지처럼 흙을 갈고 다닌다
오리나무 가지들이 하늘 높이 오르고
늙은 비구니가 발소리 죽이며 암자로 간다
가을이 얼마나 깊은지도 모르고 나는
속으로 들어가 쿨쿨 잠자려고 한다

세상에서 멀리 가려던

세상에서 멀리 가려던 寒山 같은 시인도
길 위에서 비 오면 걸음을 멈추고 오던
길을 돌아본다 지난 시간들이 축축이
젖은 채로 길바닥에 깔려 있다

집으로 가는 길

물속처럼 깊이 흘러 어두운 산 밑에 이르면
마을의 밤들 어느새 다가와 등불을 켠다
그러면 나 옛날의 집으로 가 잡초를 뽑고
마당을 손질하고 어지러이 널린 농구들을
정리한 다음 등피를 닦아 마루에 건다
날파리들이 날아들고 먼 나무들이 서성거리고
기억의 풍경이 딱따구리처럼 소리를 내며
달려든다 나는 공포에 떨면서 밤을 맞는다
밤이 과거와 현재로 부유스럽게 흘러간다
뒤꼍의 우물도 물이 차오르는 소리
밤내 들린다 나는 눈 꼭 감고
다음날 걸어갈 길들을 생각한다

들판

보이지 않는 들판을 간다는 건 어려운 일이다

우리가 만든 하와이 군도로는 해마다 수십만 관광객이 비행기로 선박으로 가지만 해발 5천 미터 상상봉에서 화산이 토해낸 불의 상상력이 평원을 만들고 진달래 구상나무 북가시나무 녹나무 설앵초들과 수백 가지 벌레들을 재운다는 건 쉽게 설파되지 않는다 아무리 잘 다듬어진 경이가 흐르고, 찬비가 내리고, 잡초들의 들숨 날숨이 있다고 해도, 그 이상의 바람과, 그리고 그것도 멈춘 평화가 오래오래 있어야 한다

우리는 그런 시간을 거쳐 비로소 먼 들판을 건넌다

독신의 아침

안개 속으로 부드러운
가지를 드러내는 버드나무들이
바람의 방향 따라 흔들리는 걸
보며 나는 옥수수빵으로 아침을
때우고 마루를 닦기 시작한다
책들을 치우고 의자를 옮기고
쓰레기통을 비운 뒤 구석구석
물걸레질하다 보면 현관으로는
햇빛이 들어와 물살처럼 고이고
바람이 산 밑으로 쓸리면서
우리가 이해할 수 없는 소리로
철새들이 말하며 가는 것을 본다
순간 나는 몸이 달아오르는 걸 느낀다
오늘 같은 날은, 나를 상자 속에 가두어
두고 그리운 것들이 모두 집 밖으로 나가고, 집 밖에 있다

저녁 무렵

한번의 저녁도 순간으로 타오르지 못하고
스러지는 시간 속을, 혹시 뉘 있어 줍고 있는지
뒤돌아보지만 길들은 멀리까지 비어 있고
길들은 저들끼리 입 다물고 있다

길 위로 새 한 마리 공기의 힘을 빌려
하늘 위로 올라가 콕, 콕, 콕, 허공을 쪼아댄다

나는 바위에 엉덩이를 붙이고
노을이 산 밑으로 흐르는 것을
무슨 상처처럼 보고 있다

마음의 그림자

공원으로 발길을 돌렸더니
가을을 보던 사람들이 모두
일어서서 제 길로 가버렸다
메마른 바람이 이파리를 날리며
나무와 나무 새로 가고 있었다

나는 주위를 한번 둘러보았다
공중으로는 거년에 떠났던 새들이
일자 행렬을 그으며 날아가고 있었다
시베리아에서 온 새들도 있다고 했다

어느 나라건 새들이 떠나면
산야는 겨울이 된다 바람과
얼음으로 이뤄진 겨울을 보며
사람들은 질서가 무너진 공원을
떠난다 사람들은 마침내 그들의
겨울조차도 떠난다

겨울이란 끔찍한 계절이다
파이프를 물고 시인이

몇 줄의 시를 남기고 간다 해도
그것은 불임의 언어일 뿐
새처럼 소리 내며 날아가지 못한다

달이 빈방으로

달이 빈방으로 넘어와

누추한 생애를 속속들이 비춥니다

그러고는 그것들을 하나하나 속옷처럼

개켜서 횃대에 겁니다 가는 실밥도

역력히 보입니다 대쪽 같은 임강빈 선생님이

죄 많다고 말씀하시고, 누가 엿들었을라,

막 뒤로 숨는 모습도 보입니다 죄 많다고

고백하는 이들의 부끄러운 얼굴이 겨울바람처럼

우우우우 대숲으로 빠져나가는 정경이 보입니다

모든 진상이 너무도 명백합니다

나는 눈을 감을 수도 없습니다

물컵에

물컵에
물을
반쯤 채우고
고구마를 넣어두었더니
고구마 순이 쑥쑥 자라났다
직장에 나갔다가 돌아오는 저녁이면
하루에도 사오 센티미터씩 자라나
덩굴을 이루면서 벽을 감아올라갔다
근 열흘 뒤로는 그것도 마음에 들지 않는지
방향을 바꾸어 창 쪽으로, 창 쪽으로, 줄기차게
뻗어 오르는 모습이, 흡사 티브이에서
오색 테이프가 쏟아지는 것 같았다
그러고 보니
고구마 줄기는 날이 날
고구마 줄기를 보고 살 수밖에 없는 나를,
고구마 줄기를 보고 사는 자는
복이 있나니라고
짐짓 말해주고 있는 것 같았다

저녁 바람은

시인이 홀로 사는 집은 저녁 바람이 베란다를 넘나들며 논다

시인이 홀로 사는 집은 저녁 바람이 복도 끝으로 달려갔다가 복도 끝으로 달려오며 논다

시인이 홀로 사는 집은 설거지하는 사람도 없어서 덜커덩덜커덩 설거지하며 논다

그리고 저녁 깊이 어둠이 깔려오면 저녁 바람은 어둠 속으로 들어가 어둠이 되어 논다

나는 너무 멀리 있다

날이 흐리고 가랑비 내리자 북쪽으로 가려던 새들이 날기를 멈추고 서 있다 오리나무숲 새로 저녁은 죽음보다 조금 길게 내리고 산 밑으로는 사람들이 두엇 두런두런 얘기하며 가고 있다 어떤 충격이 없이도 사람의 모습은 아름답다 바람도 그들의 머리칼을 날리며 그들 식으로 말을 건넨다 바람의 친화력은 놀랍다 나는 바람의 말을 들으려고 귀를 모으지만 소리들은 예까지 오지 않고 중도에서 사라져버린다 나는 그것으로 됐다 나는 너무 멀리 있다 나는 유리창 너머로 마른나무들이 일어서고 반향하며 골짜기를 이루어 흘러가는 것을 보고 있다 나는 모두를 알 수 없다 나는 너무 멀리 있다 새들이 다시 날기를 멈추고 시간들이 어디로인지 달려가고 그림자들이 길 위에서 사라지는 것을 나는 보고 있다 이제 유리창 밖에는 새도 나무도 보이지 않는다 유리창 밖에는 유령처럼 내가 떠오르고 있다

바람과 아이

바람이 맨발로 좁다란 마당을 간다

햇볕 고단한 마당을 바람이 풀 속이듯이 간다

배춧잎 듬성듬성한 남새밭으로 길을 내어

가다 말고 바람은 문득 걸음을 멈춘다

한 아이가 마당에서 오줌을 누고 있다

오줌 줄기가 분수처럼 하얗게 솟아오르고 있다

'하' 하고 바람은 소리 내다 말고 걸음을 돌린다

바람의 걸음은 바쁘다

아이의 머리칼도 바쁘게 바람처럼 달려간다

봄 태안사

봄이 애달파 흐르는
섬진강 상류 돌멩이 틈으로
바가사리 같은 물천어들이 무심중
우수를 기다리고 있습니다 강물 속도에
맞추어 지느러미를 살랑살랑 흔들면서
끝없이 이어지는 시간의 물결 속으로 숨을 들이쉬고
내쉬고 있습니다 이런 날은 햇빛이 눈부신
우리도 신생의 것들을 마땅히
기다리고 있어야겠습니다

마을의 느티나무

갈 곳 없는 사람들이 둥지처럼 마을에 머물면서
오늘도, 그리고 내일도 땅바닥에 모여 눈에 익은
어수선한 풍경을 본다 어느새 달려왔는지 11월의
그림자가 발끝에 어른거리고 기억하지 못하는
슬픔 같은 것이 머리카락에 스미어 이마를 축축
하게 하고 마을 길에서 개들이 왔다 갔다 한다
어제 그리웠던 얼굴이 등불을 밝히고
땅 끝으로 새들이 사라져간다 밤이 깊어간다
들판에는 아직 어스름이 남아 있고 길 찾는
사람이 두 손을 겨드랑이에 찌르고
걸음을 자주 한다 그때에도 느티나무는
얼굴을 숙이고 거기 그렇게
꼼짝 않고 있다

霜降을 지내고

고층 아파트 새로 바람이 우듬지를
흔드는 것 보고 또 밤중에는
겨울비가 두어 시간 동안
가는 뿌리 적시며 잎 떨치기를
재촉하는 소리 들었다
상강이 지나자 겨울은 마음이
바빠졌는지 걸음을 뒤뚱거린다
나는 새벽녘에야
겨우 눈을 붙이고 일어나
뒷산으로 오른다 가랑잎들이
몸 뒤집으며 날리다가 저만치서
새로운 햇빛 만나고 어디서
남은 벌레들이 끽끽끽 운다
유심히 보면 이 겨울 우이동엔
어린 경이들이 널려 있다

어느덧 봄이

어느덧 봄이 온다
베란다 철쭉엔 연지처럼
봉오리가 오르고 따스운 볕들이
고물고물 모여 하루를 보낸다

유리창 밖에서는 치운 바람이
고개를 들고 넘어오려고 하지만
꽃나무들은 별로 개의치 않는다
개의치 않는 곳에 평화가 있다
나는 평화 속에서 창밖을 본다

먼 나무들이 넘실거리고
집 나간 식구들은 오지 않고
길들이 들판으로 뻗어 나가 시간을
기다린다 길 위에서 농부들이 구루마를
끌고 별일도 없이 가고 있다 사람들은
언제나 가고 있다 그리고
날이 저물고 봄도 간다

섬진강

물이 흘러, 깊은 골짜기를 만들고
평원에서는 잡초들이 술렁이며
바람을 부른다 한밤에는 야생 노루와
멧돼지 같은 것들이 잡초를 짓밟고 가지만
아무도 간섭하는 이가 없다 들짐승들은
수풀을 헤치며 평원으로 평원으로 소리를 내며 사라져간다
밤에 내 감각은 조용히 살아올라 강물 소리를
듣는다 강물 소리는 여러 벽을 넘어간다
기억의 아이들이 붉은 얼굴로 지나가고
어디서인지 흰 이를 드러내며 킬킬킬킬
웃는 아이도 있다 비좁은 허리로 어둠을
받으며 골목을 돌아가는 여인들도
있다 허리 굽은 할머니와 할머니를
따라 여인들은 돌아갈 일밖에 생각지 않는다
물은 다시 흘러, 마을을 만들고 구례를
만들고 떠도는 여인들의 니나노집도 만들지만
섬진강 깊은 물은 한밤에도 무엇으로
현신하지 못하고 이슬비 내리는 들판을
흘러간다 비 오는 날 새들은 대나무숲 속에서
잔다 구름이 흐르고 달이 비쳐도

새들은 움직이지 않는다 이제 나는 생각하려
하지 않는다 강이 물속 깊이 산을 흔들며
흘러가는 것을 소리로 보고 있다

소록도 詩篇 1

살갗을 간질이는 아지랑이 속에서
오른쪽 발가락이 또 하나 떨어지고
내일이면 왼쪽 발가락도 떨어질 것이다
소록도에서는 다들 발가락이 떨어진다
저기 지팡이를 짚고 가는 문둥이가 누군지,
고향이 어딘지, 뉘 집 자식인지 몰라도
여기서는 모두 발가락이 떨어진 문둥이다
날마다 아픔을 발가락에 싸서 보내는
문둥이들은 오늘도 소록도 남쪽 끝,
공적비들이 국한영문으로 새겨진 중앙공원을
지나 어두워지려는 숲길로 의지하며 간다

소록도 詩篇 2

소록도 남쪽 길을 걸어가면 반복해서 들려오는 소리가 있다 신문기자를 하는 정명섭이 목동을 부르며 돌팔매질해도 청솔가지에 붙은 소리들은 떨어지지 않고 위험하게 공기를 유인한다 우리는 주춤주춤 발을 옮긴다 저녁은 길고 어둡다 어디서 불어오는지 미지근한 바람이 온기를 식히며 지나가고 침묵의 기침 소리 커지고 시간 끌리는 소리 등 뒤에서 무겁게 들린다 저만큼 시간의 낙타들이 껑충껑충 뛰어온다 지팡일 짚고 두 사내가 절뚝절뚝 온다 저승에서도 문둥병을 치유하지 못했는지 얼굴 가리고 손 가리고 온다 와서 귀에 입을 대고 소곤거린다

시인이여, 문둥이 되어, 발가락이 떨어지고, 손가락 떨어지면 발가락 시 쓰겠느냐, 손가락 시 쓰겠느냐,

소록도 詩篇 3

사람들이 하늘 가까이 떠오르고 별들도
땅 위로 내려와 공경스러워한다 남쪽 길
에서는 해송들이 동요를 멈춘다 미풍이
온기를 머금고 스톱한다 섬의 역사가
묻혔다고 해도 되는 공원 배후에서
나는 문둥이들의 마을을 본다 허나
사람이 사니 마을일 뿐 소록도에는
마을이라 할 것이 없다 요양소 병원
기숙사들이 군막처럼 띄엄띄엄 있고,
길들이 있고, 등불이 붙어오고, 욕망의
새들이 불안하면서도 적막하게 날고
있다 나는 언덕에 기대 서서 새들을
본다 그다지도 깊은 새들이 날고 있는
하늘로 문둥이들이 무리 지어 광야를 건너고
있는 모습이 역력히 보인다

소록도 詩篇 4

밤새 바람 불어 나무들이 삐걱거리며 잠을 설친 날에도 아침은 다가와 부르므로 사람들은 밭으로 나간다 호미 날을 고랑에 박을 때마다 흙내음이 쏟아져 나오고 햇볕은 목숨처럼 맨흙을 감싼다

하루하루 섬들이 멀어져가고 아스무레하게 떠올랐던 기억이 내려와 땅을 덮는다 사람들은 밖으로 나와 하늘을 본다 하늘이 청유리처럼 새파랗다

소록도 詩篇 5

시간이 날기를 멈추고 잠시 혼몽 속을 헤맨다 추억은 죽음보다 빛이 조금 생생하다 이 시간이면 달이 떠올라 문둥이들이 산과 내를 건너와 지었다는 움막이 기둥만 남긴 채로 모습을 적나라하게 보인다 바람 속에 서까래가 삐걱이는 소리 아직 들리고 이륜차 바퀴가 모래에 묻혀 구르고 바퀴들은 비실재의 시간 속에서 덜커덩덜커덩 소리를 연발하며 돌아간다 해안은 여전히 푸르다 죽은 자들의 역사를 알리는 상형문자가 물 위에 잠시 나타났다가 사라진다

소록도 詩篇 6

1916년 5월 소록도 국립병원은 慈惠라는 이름으로 처음 문을 열었다.

문둥병자들은 전라도에서 경상도에서 황해도에서 산 넘고 물 건너 구름처럼 왔다. 함경도 끝에서 한 달 열흘 걸어온 사람도 있었다. 그는 뒤에 시인이 되었다.

문둥병자들은 새벽 일찍 규칙적으로 일어나 밭 갈고 옥수수 씨를 뿌리고 정기 검진일에는 줄지어 병원으로 갔다. 오스트리아에서 왔다는 벽안의 간호사는 성심성의껏 돌보고 서투른 한국어로 말을 걸고 미소 지었다. 그 간호사는 그러다가 병균이 전염되어 손가락이 떨어지고 발가락이 떨어졌다. 임종 전에는 고름이 흐르지 않는 곳이 없었다.

그리고 1987년 반세기가 지나간 어느 날
교황 요한 바오로 2세께서 헬리콥터를 타고 소록도에 내리셨다. 교황께서는 땅에 엎디어 침구하시고 환자들 머리에 일일이 손을 얹으셨다. 가랑비가 안개처럼 내려 하늘이고 땅이고 구별되지 않았다. 청솔나무들도 그 순간에는 소리를 죽이고 고개를 숙이고 있는 듯했다.

하늘이 그렇게 감응하던 날
밤 소록도에는 달이 떠올라
집들을 둥그렇게 비추었다.
새벽에는 서까래들이
삐걱거리고
이륜차 바퀴가 모래에
묻힌 채로 덜커덩덜커덩 울렸다.
새들도 잠을 자지 못하고 날아올랐다.

우리가 당신의 성채인 것처럼

우리가 당신의 성채인 것처럼
우리의 성채인 말들을 위해 기도해주소서
말들은 오래전에 집을 떠나 객지를 떠돌고
있습니다 딱딱한 침상도 그를 위해서는
마련되지 않았습니다 삼류 여인숙에서 등을
돌리고 누울 잠자리도 밥 한 그릇도 없습니다
우유도 없습니다 희미한
미소와 손짓과
공복의 이미지들이
새벽 강에 말뚝을
박고 있습니다
(이 시간, 공복을 느낄 수 있다는 게
얼마나 다행인지 모르겠습니다 공복을 느낀다는 것은 꿈꿀 수 있
다는 반증이 됩니다)
등뼈가 휘도록 추운 거리에는 서서히 여인들이 나타나고
붉은 소방차도 나타나고 있습니다
꽁꽁 언 말들을 위해 기도해주소서
우리가 당신의 성채이듯이
말들은 우리 성채입니다

방죽이 있는 풍경

 물총새가 리드미컬하게 수면을 차고 날아가고 빨래하는 여인들의 스웨터가 물빛으로 빛난다 물총새가 리드미컬하게 수면을 차고 날아가고 알집에서 막 나온 물방개가 수면에 비친 제 모습을 보면서 조심조심 물 위로 기어간다 물총새가 리드미컬하게 수면을 차고 날아가고 물꽃들이 피어날 준비를 하느라고 가쁜 숨을 허억허억 쉰다 이런 날은 마을 건너편 아파트 공사장의 남정네들도 사타구니를 쓱쓱 긁으며 오는 날이 즐거워 흐흐흐흐 웃는다

백일몽

잡목 숲이 빽빽이 들어찬
삼지연 평원을
수십 리 트랙터로 밀어버리고
잠실야구장보다도 시원한
꿈의 구장 만들어 이남하고 이북이 야구 대회를 연다면
그리하여 영삼이하고 일성이가 헬멧 쓰고
1번 혹은 2번으로 타석에 들어서서
넘치는 힘으로 배트를 휘두른다면, 그리하여
백구가 장외로 장외로 날아가 이남 사람하고
이북 사람들이 일제히 일어서서 홈런! 홈런!
열광한다면! 설사 그 홈런을 이종범이 같은
외야수가 날쌔게 쫓아가 글러브로 냉큼 잡아버린다
해도 우리나라 사람들은 얼마나 즐거워할 것인가
분단 설움은 이런 순간을 위하여 있는 것이라고
홈런의 원천은 설움에 있다고 떠들지 않겠는가
우리나라 사람들은 말이 막히면 한이란 말을 자주 한다
그것이 근거 없을지라도 한이 폭발하여 장외 홈런이
터지면서 영삼이! 일성이! 영삼이! 일성이!
합창하며 풍경으로 녹아들 수 있기를 바란다
정말이야 그렇게만 된다면

비무장 지대도 허물고 영호남의 벽도
없애고 정말이야 그렇게만 된다면
서울 시민의 휴식처인 장충운동장을 쓸어
수덕사 같은 깊은 절 만들어 소나무 잣나무
도토리나무 오얏나무 하늘 찌를 듯 심어
사월 초파일 같은 날 오색 등불 밝히고
민족 대축제를 열 수 있겠지! 그렇게만
된다면 우리나라는 금수강산이 되겠지
나는 이런 넋 빠진 생각을 요즘은
간절히 하곤 한다

病床 일기

휘파람새들이 휘이익 휘이익 하늘을 날고 뱀들이 이슬을
먹으러 오는 새벽이면 의사들은 가운을 입고 안경을 쓰고
머리 하얀 새들을 데리고 온다 그들은 잠을 잘 잤느냐
변을 보았느냐 묻는다 나는 그들의 손님이다 그들은 주사를
주고 노란 알약과 베드를 주고 하루 세 번 식사를 준다 여섯 가
지 풀로 된 식사다 그릇마다 향기가 소록소록
넘친다 저녁에는 아내가 엘란트라를 몰고 온다 여보 강
빛이 새들 같아요, 새들이 너무 눈부셔요, 나으면
우리, 한강 가요, 네, 저녁 해는
창밖에서 빛난다
아내도 빛난다
그러나 아내는
밤이면 새들을 데리고
집으로 가
베드에서 잠잔다
나도 베드에서 잔다
어쩌다 베드에 똥을 누기도 한다
똥 누는 일은 홀로 한다 모두 홀로 한다 다친 영혼이 몸을 떨며
창가에서, 휘파람새들이 기웃거린다
휘파람새들이 지금은 아프다

병상에서

오늘도 나는 아내와 함께 휠체어를 타고
비둘기들이 날아가는 병원 마당을 대평원처럼
질러간다 여기저기 푸른 가운을 입은
환자들이 서투른 솜씨로 배드민턴을 치고
팔다리 운동을 하면서 땅거미 내리는
거리 밖으로 사라져간다 휠체어를
타고 나도 바삐 간다 붉은 해가
담벽에 걸리는 시간이면 나무들이
몸채로 빛나고 아무리 작은 움직임조차도
정적에 싸여 신성을 내뿜는다 나는 충만한
기다림으로 햇빛을 받고 있는 병동과
플라타너스와 의자들, 그리고 저만큼
하늘을 흔들며 날아가는 새들을
(이 세상에 존재하는 그것들을)
벅찬 가슴으로 본다 무엇인가 보이지 않는
독수리 같은 것이 일몰을 뚫고 지나가고
병들도 지나가는 것이 붉게 보인다

부식 동판화

시간이 유리창을 치면서 거울처럼
번쩍이고 거리가 숨 막히도록 밝아왔다
새들이 돌멩이처럼 떨어졌다 광목 도로변
하치장에다 쓰레기처럼 나는 반생의 추억을
버리고 왔다 그리고 그날 밤 몇 대의 트럭이 난폭하게
거리를 질러가고, 도심 철도로 화물차가 지나가고,
달빛이 흘러가면서, 움츠린 그림자들을
비췄다 우리가 기대어 있는 교회 돌벽에, 플라타너스에,
아스팔트 바닥에,

詩를 태우며

밀면 돌멩이 되어
가는 불빛에도 흔들릴
石佛로나 돌아가 웃을까
동서로 떠돌며 노래 부를까

나는 詩 써서 시인이고 싶었건만
오늘은 느티나무 아래 시들을 모아
불태우네 점점이 날아가는 새들과
아직은 체온이 남아 흐르는 기억들 그리고
지평선에 떠도는 그림자들
그림자들……

나는 詩 써서 시인이고 싶었건만……

일기, 비망록

저녁 일곱 시 식탁 위에서
새삼스런 삶의 편린들을 적는다

옥수수빵을 아침으로 먹던 기억이
아직도 식탁 위에는 있고
나이프와 포크도 있다
물병 옆에 잘 닦인 접시도 있다
그곳에는 냄새들이 넘실거리고 있다

달콤한 맛과 꿀
꿈, 기억 들이
멀리, 구름 너머 가고

전화벨 소리 따르릉 따르릉
한동안 울린다

나는 창밖으로 일몰이 넘어가는 것을
물끄러미 보고 있다

도시의 아이들

아버지는 새벽마다 쇠스랑을 메고 들길로 나가,
메상골 열두 마지기 밭에 콩과 참깨를 심고 잡풀을
뜯고 똥거름을 주셨다. 어스름이 달리는 저녁녘이면
집으로 돌아와 풍년초를 태우고 코를 드르렁드르렁
골며 깊이 잠으로 들어가셨다. 다음 날도 같은 일정을
되풀이하셨다. 그 바람에 아이들은 목도리를 두르고
마을 밖으로 나갔다. 바람이 찰수록 나무와 새들의
안부를 걱정하며 숲으로 들어갔다. 아무도 그들을
보아주지 않았으므로 아이들은 강을 건너,
거리로 갔다. 어떤 아이들은 버스를 타고 갔다.
아이들은 홀짝홀짝 진로소주를 마셨다. 시간이 네온처럼
반짝이고, 시간이 아이들을 허물어뜨리고, 시간이
아이들을 자유롭게 하였다. 가로수 뒤편으로 구두닦이
소년이 미친 듯 크레이지 보이를 부르며 갔다.

철 지난 봄노래

코란도를 타고 반야봉엘 간다
산줄기들이 꿈틀꿈틀 흘러가고 김이
무럭무럭 솟아오르는 구례 쪽 염천에서
은근히 안개비 꽃들을 덮어 가리고
다투어 피는 꽃들을 가까이하려고
짝새들이 짹짹거린다 돌 틈을
비집고 봄물이 졸졸졸졸 흘러간다 예사롭잖게
날들이 간다 이런 날은 『남부군』을 쓴 李泰도
잠시 손을 놓고 잎새에 흘러내리는 빛을
보며 철 따라 피는 봄을 애닳아했으리
그렇듯 오늘도 봄은 간절히 퍼져가고
땅속 깊이 터져 나오기라도 하는 듯이
진달래 산철쭉 며느리밥풀꽃 들이 머리 들고
머리 숨기며 희고 붉게 깔깔대노니
골짝마다 능선마다 바위 틈서리마다에서
폭발적으로 솟아오르는 꽃 소리!
꽃 메아리치는 소리!
깔깔깔깔 깔깔깔깔 웃으며 달려가는 지리산 뱀사골 진달래꽃들!
울긋불긋한 얼굴이며 옷가지며 류색이
이뻐서, 놓칠세라, 바쁘게 뒤를 쫓는 꽃들!

저들끼리 손짓 발짓 장난질하고, 파안대소하고,
더러는 행락객의 와이담에 끼어들고, 술통에
눈이 닿아 침을 질질 흘리기도 하는, 하 바쁜 꽃들아
그러다간 滿開하기도 전에 붉어 터질라

김현을 보내고

별은 멀고
밤은 어둡고
얼굴은 붉었다
양수리 물가에 너를 묻어두고
고속버스를 타고 캄캄한 길을 달려
광주로 갔다 일하러 갔다 바람이
소리치며 창밖으로 달리고 반고비
나그네길이라고 했던 네 책 표지가
유리창에 나타났다 사라졌다
탐욕스러운 플라타너스며 도로 표지판
푸른 벼들이
헤드라이트 속에서 무슨
음모라도 꾸미듯
나타났다 사라졌다
으스스 닭살이
돋아올랐다

저녁 바람

바람이 새들을 하늘 높이 밀어 올리고
백양나무 이파리들이 미치광이처럼
허옇게 머리를 들고 일어서는 날은
나는 빈 광주리 같은 가슴이 되어
무슨 말을 해야 할지 모릅니다
나는 여기 그냥 이대로 서서 바람을
맞으며 그들이 잠시
우리 기억 속으로 들어와 흰
날갯짓을 한다고 생각할 수밖에 없습니다

주님이 오실지도 모릅니다
―황지우 시인에게

시골 사람들이 땀을 뻘뻘 흘리며
이리 갔다 저리 갔다 하는 모습이 멀리
보이고 털털털 콤바인 돌아가는 소리
희미하게 들립니다 시간도 털털거리는
소리에 질려선지 걸음을 멈추고 있습니다
이런 날 저는 당신을 초대하렵니다
차린 것은 없습니다
콩나물과 두부밖에 그리고
희석 소주 두어 병밖에
아시다시피 저는 몸이 아프고
노래조차도 하느님은
주시지 않았으므로
대접할 것이 없습니다
      지난여름 청솔나무와
      목백일홍이 무더기로 떨어지던
      당신 집의 초대는 꿈결 같은 것이었습니다
      재구와 동학이도 이구동성이었습니다
      그날 이후 제 집에서는 꽃들이 토라져
      다들 제집으로 가버리고
      빈집에는 저 혼자 남았습니다

당신은 꽃들이 흔적이라도 남기지
않았겠느냐고 하실지 모르지만
흔적도 남기지 않았습니다
그러나 오늘 밤은 어쩌면
꽃 몇 송이 찾아올 손님을 기억하고
돌아올지도 모릅니다 꽃들을 따라 우리가
기다렸던 주님이 오실지도 모릅니다
오시면 두 손 맞잡고 웃으며 맞읍시다
우리가 그분의 꽃이 됩시다

산수유꽃들이 피다 말고 떨어져

풍전등화같이 나라가 어수선할 때에도
봄이며는 매천 선생이 종자를 거느리고
왔다는 구례군 산동면 산위마을로
나는 근근이 와서 돌 틈으로 흐르는
물 보며 우수가 저만큼 다가와 있음을
느낀다 성급한 사람들이 여기저기
카메라에 봄을 담느라 바쁘고
빈집 놈새밭에서는 봄풀들이 돋아나
성하다 쉰을 넘었음직한 아주머니가
슬그머니 옆으로 다가와 빈집 사려고
그러느냐고 묻는다 나는 웃는다 그런
나를 살펴선지 담장의 산수유꽃들이
피다 말고 떨어져 누런 물
풀며 흘러 내려간다

정명섭에게

아침엔 산 아래로 안개가 흐르더니
한낮이 되면서 하늘이 말짱해진다
정명섭은 비가 올까 봐 걱정했어요
라고 하면서 느리지도 빠르지도 않게
차를 몰고 섬진강을 달린다 가로수에
깡통이 캘린더처럼 걸려 있고
구례 거쳐 쌍계사 협곡을 지나서는
봄 정취가 살아올라 강물처럼 흘러간다
먹이 사냥을 갔는지 아직 되새 무리는 보이지 않고
양안의 대숲만 사람의 눈길보다
그윽하게 저녁을 기다리고 있다

아무 생각 없이 겨울 풍경 그리기

눈이 내리니
나뭇가지들이 무게를 이기지
못하고 포물선을 그리며 휘어지다가
눈을 털고 일어나고,
다시 눈을 털고 일어나고 한다
오후 내내 그 일을 단조롭게
반복한다 우리가 날마다
아침을 시작하고 또
시작하는 것과 같으다

이런 날
하늘은 지붕 가까이
내려와 멈추고 세상 길도
들녘에서 모습을 지운다
나는 천근 무게로 눈꺼풀이
내려앉아 꿈속처럼 눈을 감는다
아이의 속뼈같이 여린 가지들이
사라지고 또다시 가지들이
떠올라 머나먼 마을에
차곡차곡 쌓인다

나는 사나운 짐승처럼 눈벌판을
마구 쏘다니고 싶지만
나는 결코 눈길에 발자국을 남기지
못한다 눈은 나를 덮고 또 덮으며
종일 내려 쌓인다

초여름 풍경

산허리
돌아오는 냇물이
물보라 일으키며
안개 피워 벼 포기를 적시는
오후 잠자리 한 마리
푸른 잎에 발을 걸치고
잠들었는지 꿈꾸는지
꼼짝 않는다 멀리
나무들은 햇볕을 그득
받은 채로 돌아서 있고
나무들 사이 바람은 발을
내리고 꿈쩍 않는다
나는 갑자기 어머니 생각이 나서
어머니 하고 그윽이 불러본다
아이의 울음소리가 멀리 들린다
그리고 내가 들길에 서 있을
동안에도 울음은 끊이지 않고
새들의 날갯죽지에 실려간다
새들이 날아간다
새들이 날아간다

한여름이 꿈결처럼 가고
들녘은 또다시 다음 계절을
맞을 준비를 한다

모자도 쓰지 않고

모자도 쓰지 않고 신발도
신지 않고 그리운 그대
건들건들 들녘을 넘어가네
저녁 바람에 의지해서 가네
돌아보면 길들은 잡초에 묻힌 채로
구불거리며 흘러가고 한밤중에는
달과 함께 마을에 떠올라
골목을 비추네 골목이
포물선을 그리면서
하구로 흘러가고
질그릇들이 둥둥 떠서
썰물 같은 고요를 한아름
안고 있네 슬픔 안 사람이
새벽 일찍 오리백숙탕 집을 빠져나와
그의 길을 가네 나무에 앉은
새들이 푸드덕 날아가네
새들을 보며 그리운 그대
건들건들 가네

아내가 없는 날

아내가 없는 날, 빈 마루에 서서 나는 창밖의 세상을 한동안 본다 아카시아숲을 돌아 한길에서는 빨갛고 파란 차들이 달리는 소리 숨결처럼 들리고 길 건너 보도에서는 할머니들이 좌판에 배추 상추 다랭이 동부 들을 늘어놓고 흥정하는 모습도 보인다 해는 할머니들의 머리 위에 있다 머플러를 쓴 할머니도 있다 시간이 머플러를 날리며 간다 (아아 우리는 모두 시간의 강물에 젖어 있구나 우리는 이웃이구나) 멀리 산 밑 동네에서는 쓰레기 태우는 연기 오르고 몇몇 남은 잎들이 떨어질 순간을 준비하고 있다 바람이 부는지 나무들이 세차게 흔들린다 아이의 손목 잡고 젊은 여인이 길을 건너고 있다 나는 마루를 왔다 갔다 한다 나는 아내가 언제 올지 모른다 아내의 초인종 소리는 울리지 않으나 아내는 지금 나를 향해 오고 있다

장마

 밤새 앞 강물이 크게 불었다. 서시천의 다리가 물에 잠기고, 들과 마을의 구별이 없어지니 물소리 들리지 않는 곳이 없게 되었다. 벌써 보름째 남부 지방에는 비가 내려 행인의 교통이 끊기고 장으로 가는 버스도 보이지 않았다. 동구길에는 수양버들 두 그루, 비에 젖은 이파리를 닦아내듯이 길바닥에 머리를 얹고 있다. 이따금씩 바람이 떼 지어 지나가고 구름이 모여들어 꺼매진 하늘이 개울에 비쳤다. 뿌리 뽑힌 잡초들도 떠밀려갔다. 어머니는 그런 풍경이 두려운 듯 부엌에서 마루로 곳간으로 종종걸음치고, 그때면 수양버들도 가지를 숫구치며 하늘에 길을 내어 새들을 날게 하였다.

방울꽃

여러 기슭을 흐르고 들판을 돌아 마침내 영산강으로 태어난 사람아 무얼 그리 깊은 눈으로 보고 있느냐

불어오는 바람에 붉은 몸 비비며 울었다가 웃었다가 하던 수분령의 무진 장관 잡초들이냐 잡초의 빛이냐 슬픔이냐

황혼 속으로 빠르게 침몰해가던 너의 존재가 버린 시간들 더러는 슬픔이고 기쁨이 되어 거울 속으로 떠오르던 시간들 찬비 같은 시간들

그런 시간 속에 모래 쌓이고 바람 일어 누군가 금방 울고 간 것 같은

오늘은 방울꽃이 피었다

저녁 무렵

바람이 상처를 쓰다듬고 가는 비탈마다 새들은
날아오르며 완만하게 계곡을 빠져나간다 저녁은
예나 없이 부유스름하다 여인들은 바구니를 들고
시간이 얼비치는 극락강 길을 돌아간다

여인들은 상수리숲으로 들어갔다가 나오고
옥수수밭으로 들어갔다가 나오고 때로는
볼이 붉은 놀 속으로 들어갔다가 한동안
머물러 있기도 한다 그런 때 여인의
허벅지는 창대처럼 뻣뻣하다

감각만으로 사물을 본다는 건 위험한 일이다
감각은 거죽에 불과하다 세계는 훨씬 더
복잡하고 혼란스럽다 외딴집에서는
쿨룩거리는 노인의 천식성 기침 소리
들리고 어둠이 내려와 유령처럼 사위를 둘러싼다

나는 고요히 세계를 보고 있다 세계가
숨 쉬는 소리 들린다 별들은 아직 뜨지
않았고 극락강 물은 캄캄하고 우리들의

눈이 닿는 곳에서는 고요가 일어선다
보이지 않게 여인들이 손잡고 일어선다

집으로 가는 길

많은 길을 걸어 고향집 마루에 오른다
귀에 익은 어머님 말씀은 들리지 않고
공기는 썰렁하고 뒤꼍에서는 치운 바람이 돈다
나는 마루에 벌렁 드러눕는다 이내 그런
내가 눈물겨워진다 종내는 이렇게 홀로
누울 수밖에 없다는 말 때문이
아니라 마룻바닥에 감도는 처연한 고요
때문이다 마침내 나는 고요에 이르렀구나
한 달도 나무들도 오늘 내 고요를
결코 풀어주지는 못하리라

눈을 맞으며

눈을 맞으며 굴뚝새들은 문밖에서 우릴 기다린다. 희미하게 사기 그릇 부서지는 소리와 벽시계 소리 들으며, 굴뚝새들은 집 안에서 새나오는 소리 속에서 깜박 잠들었다가 깨나기도 하고, 깨나면서 오래전에 잊어버렸던, 강제 이주당한 지방에서 시간들이 얼어 부딪던 소리를 기억한다, 눈비새는 오두막과 헛간과 농구들을 기억한다 아직도 끝이 퍼런 쇠스랑을 기억한다, 굴뚝새들은 일정 간격으로 짐승들이 눈 위에 발자국 찍으며 가던 소리, 눈 위로 눈이 내려 숲은 멀어져가고 어느 곳에선가 청둥오리들이 뼈 시린 물을 가르며 갈갈갈갈갈 달리던 소리, 우리로서는 갈 수도 없고 상상할 수도 없는 첩첩산중에서 짐승들이 없는 길을 내어달리면서 새벽에 이르던…… 굴뚝새들은 문밖에서, 밤새도록 죽지를 눈에 박고 졸며 혼몽 속을 헤맨다, 굴뚝새의 잠은 멀고 멀다

아침 유대

숲 속에서 아이들이 온다
아이들은 이 나무에서
저 나무로 포르릉포르릉
날며 이른 아침 들판으로
햇빛을 몰고 온다

아이들은 두 손으로 가지를
휘어잡고 가지들이 튀어 오르는
탄력으로 공중에 무지개 뿌리며
저 하늘은 무엇일까? 저 나무들은?
꽃들은? 벌레들은? 이라고
의문부호를 붙이면서

아이들은 떼 지어 온다
푸른 숲으로부터 온다
사립문 새로 속살이 희게 드러난
길이 열리고 어머니가 가르마 탄
머리를 들고 온다

어머니와 아이들의 눈이 마주친다

어머니와 아이들이 입을 벌리고 웃는다
어머니와 아이들은 무어라고 감정을
소리 높여 표현하지만 햇살의 강도
때문에 소리들은 날아가버리고
우리에게는 미소밖에 보이지 않는다

미소 속으로 아버지가 쇠스랑을 메고
온다 이슬 젖은 잠방이 바람으로 온다
(오오 고통스런 세상으로 오시는 아버지!)
노동으로 빛난 얼굴을 하고 아버지는
사립으로 온다 우리 가족은 모두
아침의 유대 속에서 아침의 빛을 뿌리며

온다 새로운 아이들이 따뜻한 유대 속으로
온다 무성한 시간의 숲을 헤치고
이 나무에서 저 나무로
포르릉포르릉 날며

겨울 어느 날

겨울 어느 날
고요도 깊어져서
소리개 한 마리 원을 그리며
공중을 빙빙 돌고 슬픔을 다한 날들이
헐벗은 옷을 벗고 노래하며
마당을 벗어난다
나는 시 쓰기를 멈춘다
(나는 아주 시 쓰기를
멈추고 싶다)
시가 잠들면 고단한 하루도 잠들고
무명의 시간 속을 나는 가게 되리니
무명의 꽃인들 어느 길목에 피어
기다려주지 않으랴

풍경 뒤의 풍경
(1998~2001)

가을날에는

물 흐르는 소리를 따라 넓고 넓은 들을 돌아다니는
가을날에는 요란하게 반응하며 소리하지 않는 것이 없다
예컨대 조심스럽게 옮기는 걸음걸이에도
메뚜기들은 떼 지어 날아오르고 벌레들이 울고
마른풀들이 놀래어 소리한다 소리들은 연쇄반응을
일으키며 시간 속으로 흘러간다 저만큼 나는
걸음을 멈추고 오던 길을 돌아본다 멀리
사과밭에서는 사과 떨어지는 소리 후두둑후두둑 들리고
붉은 황혼이 성큼성큼 내려오는 소리도 들린다

빈집

초저녁, 눈발 뿌리는 소리 들려
유리창으로 갔더니 비봉산 소나무들이
어둡게 손을 흔들고 강물 소리도 숨을 죽인다
나도 숨을 죽이고 본다 검은 새들이
강심에서 올라와 북쪽으로 날아가고
한두 마리는 처져 두리번거리다가
빈집을 찾아 들어간다 마을에는
빈집들이 늘어서 있다 올해도 벌써
몇 번째 사람들이 집을 버리고 떠났다
집들이 지붕이 기울고 담장이 무너져내렸다
검은 새들은 지붕으로 곳간으로 담 밑으로
기어 들어갔다 검은 새들은 빈집에서
꿈을 꾸었다 검은 새들은 어떤
시간을 보았다 새들은 시간 속으로
시간의 새가 되어 들어갔다
새들은 은빛 가지 위에 앉고
가지 위로 날아 하늘을 무한 공간으로
만들며 해빙기 같은 변화의 소리로 울었다
아아 해빙기 같은 소리 들으며
나는 유리창에 얼굴을 대고 있다

검은 새들이 은빛 가지 위에서 날고
눈이 내리고 달도 별도 멀어져간다
밤이 숨 쉬는 소리만이 눈발처럼 희게
울린다

다시 빈집

며칠째 눈이 그치지 않고 내려 들을 가리고

함석집에서는 멀고 먼 옛날의 소리 울린다

제 무게를 이기지 못하고 내리는 눈은

처마에서 담장에서 부엌에서 간헐적으로 기명 울리는 소리 낸다

귀 기울이고 있으면 연쇄 파동을 일으키며 계속 일어난다

나는 등피를 닦아 마루에 걸고 유리창을 내다본다

아직도 눈은 멈추지 않고 내리고 있다

천태산 아래로 검은 새들이 기어들고

하반신을 어둠에 가린 사람이 샛길로 접어들고

시간의 그림자 같은 것이 언덕과 들길을 지나

파동을 일으키며 간다 이제 함석집은 보이지 않는다

눈 위로 함석집의 파동이 일어나지만 우리는 주목하지 못한다

파동은 모습을 드러내는 일 없이 아침에서 저녁까지

빈 하늘을 회오리처럼 울린다

바람이 이는지

바람이 이는지 나무들이 한 방향으로 흔들린다

몇 줄의 기억과 사유의 마디마디들이 달그락거리면서

창유리에 달라붙고 부질없는 시간들도 성에처럼 앞을 가린다

새들이 날기를 멈추고 어둠 속으로 들어간다

나그네들이 검은 여인숙으로 들어간다

나는 블라인드를 걷고 불 켜진 창을 본다

겨울의 흰 산과 산 사이로 눈을 감고 걸으면

우리는 물을 볼 수 있으려니

눈물 흘리지 않아도 고요에

이를 수 있으려니

오오,

벌판에서는 아직도 눈이 내리고 띄엄띄엄

버드나무들이 흔들리고 그림자 같은 것들이

급류를 이루면서 흘러가고 있다 어느 지방에서는

별이 돋아 오르는지 하늘이 높아가고 있다

버들가지들이 얼어 은빛으로

하늘 가득 내리는 햇빛을 어루만지며
우리가 사랑하였던 시간들이 이상한 낙차를
보이면서 갈색으로 물들어간다 금강물도 점점
엷어지고 점점 투명해져간다 여름새들이
가고 겨울새들이 온다 이제는 돌 틈으로
잦아들어가는 물이여 가을 물이여
강이 마르고 마르고 나면 들녘에는
서릿발이 돋아 오르고 버들가지들이 얼어
은빛으로 빛난다 우리는 턱을 쓰다듬으며
비좁아져가는 세상 문을 밀고 들어간다
겨울과 우리 사이에는 적절한지 모르는
거리가 언제나 그만쯤 있고 그 거리에서는
그림자도 없이 시간들이 소리를 내며
물과 같은 하늘로 저렇듯
눈부시게 흘러간다

이제는 날개도 보이지 않고 날아가는 새여 썩뚝썩뚝
시간을 자르며 나는 가리니

나무들이 앙상하게 배후를 드러내며
아가리를 벌리고 있는 겨울 하늘로
어둠이 내리면 산을 넘고 넘어가는
새여 이제는 내 시 속으로 들어오지도
말고 나가지도 말아라 유리창
너머 기웃거리지도 말고
눈짓도 말아라 산이 눈을
덮고 가지들을 덮으면
그림자들은 일어서서
길을 가리니

다시 구천동으로

반딧불이들이 밤이면
불을 켜고 날아다니는
구천동 길에는 검은 침목으로
지은 트래인재즈라는 카페가 있고
칡덩굴과 오리나무와 싸리나무 밤나무
포도밭 너덜들이 있다
그 길과 나무들은 어두워져가는
하늘로 뻗어가고 있다 헤드라이트를
켜고 나는 구불구불 산허리를 돌아
간다 라이트 속으로 들어오는 나무들은
검은 수평선을 배경으로 金木犀처럼
번쩍거리고 어느 날 우리들이 함께
보았던 검은 산과 검은 집과 검은
언덕을 흑백사진처럼 떠올린다
길과 나무들이 있으므로 우리는
길 속으로 들어가 검은 산과 검은
집을, 검은 마을을 볼 수 있다
서쪽 하늘로 날아가는 검은 새들도
볼 수 있다 나막신 같은 하현달도
잠시 볼 수 있다 우리가 달과

새들을 보는 사이 어둠은 계속 내리고
가을이 깊어져서 싸리나무 이파리들이
떨어지고 썩어간다 오오
구천동이여 너는 마침내 떨어지고
썩어 구천으로 간다 오늘 밤 나는
정말로 구천동을 구천동이라고 부른다

갈마동에 가자고 아내가 말한다

갈마동에 가자고 아내가 말한다
풀숲에 반딧불이들이 언뜻언뜻
머리 들고 나오는 설천과 나제통문을 지나
거창 쪽으로 십여 분 달리면 산그늘이
빠르게 내리는 곳, 한 골짜기
어둠을 풀어놓은 실개천에
가랑잎이 무시로 쌓이고 햇빛이
그리운, 사람도 조금씩은
그리운,

나는 마을 앞 당산나무 아래 차를 세우고
한동안 덕유산을 본다 산은 어느 때고
물에 젖은 채 입 다물고 있다
침엽수들이 해마다 솟아오르면서
골짜기는 깊어가고 내를 따라 가을 물은
졸졸졸 흐르다가, 그것도 그치고 나면
일대는 무통의 적막뿐, 그뿐,
아내는 낮은 소리로 산을 보고 있으면
우리는 작아지고, 그림자들이 우리를
어둠 속으로 몰고 간다고, 나는

말없이 귀를 기울인다 말은
은빛으로 반짝이면서 저녁 하늘로
퍼져가다가 산 아래, 나무 아래, 돌 밑에 숨는다

여전히 아내와 나는 입 다물고
덕유산을 보고 있다 너무 슬프지
않고 심심하지 않게…… 한동안
어떤 사념이 머리를 흔들고 가는 것일까
바람 소리! 그림자와도 같은 바람 소리!
아내와 나는 놀란 듯 몸을 들고 일어선다
그리고 보니 어느새 밤도 어둑신히
저어기, 저렇게, 허수아비처럼 있다

겨울 갈마동 일기

밤새 내린 눈으로 기온이 급강하하여
가지들이 툭툭 얼어 터지고 새들도
둥지 깊숙이 들어간다 금강 상류조차도
오늘 아침에는 살얼음이 깔려
은빛으로 언뜻언뜻 빛난다 시간이 차겹게
아래로 내려간다 지상의
물물들은 체온을 아끼느라
더듬이를 내리고 호두나무 아래
쥐새끼들만 눈을 말똥말똥
굴린 채 그들의 통로를 달리다가
멈추고 달리다가 멈추곤 한다
기온이 점점 떨어져간다
나는 스웨터를 겹쳐 입고
성에 낀 유리창을 들여다본다
겨울에는 보는 일만으로도 힘겹다
영하 십일 도, 캘린더를 보니 어느새
소한이 가고 대한도 이틀 남았다
南天이 얼어붙은 붉은 이파리들을
힘겹게 달고 있다

달

　그믐밤 한 달은 징검다리를 건너 물속으로 들어가고 또 한 달은 뼈만 남은 가슴에서 늑골 다섯 개를 꺼내어 나무에 얹습니다 그리고 세번째 달은 아직 모습을 드러내지 않은 채 둥글게 둥글게 먹구름 속으로 흘러갑니다

오늘 밤에도 당신은
── 장석남에게

오늘 밤에도 당신은 슬픔을 한 그릇 넘치게 떠 가지고 옵니다

산은 어둡고 나무들은 가지를 내리고 마을도 깊이 입 다물고 있습니다

존재하는 모든 것들이 뿌리를 공중으로 드러낸 채 시간들이 빠져나가는 소리를 꿈결처럼 듣고 있습니다 우리도 두 손을 들고 있습니다 아직도 기다림은 완성되지 않고 완성의 징후도 보이지 않습니다

달이 반쯤 떨어져가는 갈기산 쪽으로 이파리들은 재채기하듯 뚝, 뚝, 져 내리고 벌레들이 울고 나는 유리창 안에 있습니다

달이 모습을 아주 감춘 다음에도 나는 이윽히 서 있습니다

수은등 아래 '끝집'이라고 간판을 단 주막에서는 주정꾼들이 기어나와 비틀거리며 가는 모습이 슬로비디오처럼 느릿느릿 돌아가고 있습니다

어디로?*

황혼이다 어두운
황혼이 내린다 서 있기를
좋아하는 나무들은 그에게로
불어오는 바람에도 흔들리지 않으며
있고 언덕 아래 오두막에서는
작은 사나이가 사립을 밀고
나와 징검다리를 건너다 말고
멈추어 선다 사나이는 한동안
물을 본다 사나이는 다시
걸음을 옮긴다 어디로?라고
말하지도 않는다

* 『한산시(寒山詩)』에서 차용한 것이다.

가을의 속도

줄달음쳐 오는 가을의 속도에 맞추어 나는 조금 더 액셀러레이터를 밟습니다

차가 빠르게 머리를 들고 나아갑니다

산굽이를 돌고 완만하게 경사진 들을 지나자 옛날 지명 같은 부추 마을이 나오고 허리 굽은 노인들이 앞서거니 뒤서거니 가는 모습이 보이고

가랑잎도 비명을 지르며 떨어져 내립니다 물이고 가랑잎이고 가을에는 비명을 지르지 않는 것이 없습니다

산속의 짐승들도 오늘은 그들의 겨울을 생각하며 골짜기를 빠져나와 오솔길을 가로질러 달립니다

가을은 우리 밖에서 그렇게 빠른 걸음으로 달리고 우리는 안에서 아가리를 벌리고 비명처럼 있습니다

저녁 예감

한로가 지나면
바닷가 월문리엔 저녁이 되기도 전에
염소들이 서성거리고
돌밭으로는 물안개 몰아오고 검푸른
하늘이 바다 깊이 내려와 모습을
감춘다 발도 보이지 않게 어스름이
나무들 사이를 지나 수챗구멍 같은
골짝으로 내려간다 나는 빠르게
밭고랑을 걸어 집으로 간다
퐁당퐁당 시간들이 떨어지고
빈집들이 숨을 죽이고
골목이 두런거린다

겨울 내소사로

하늬바람이 내소사 길 나무들을 날럽니다

아직도 햇빛은 찬란하고 수은주가 내려가는지

12월의 시간은 조금씩 조금씩 마르고

하늘 가운데로 소리들은 투명하게 솟아올라

우리가 우리 그림자를 물속으로 들여다보듯이

지상에 어린 내소사 길을 내려다봅니다

나는 천천히 천천히 걷습니다 언 돌이 발부리에 채입니다

얼음의 여울이 미광처럼 흐르고, 여전히 내소사 길은 덜덜

떨면서 산 밑으로 뻗어나가고, 점점 날은 어두워가고

바람이 쇠북에 걸려 오래도록 쉰 소리를 내고 있습니다

수천의 새들이 날갯짓을 하면서

끝을 모르는 시간 속으로 새들이 띄엄띄엄 특별할 것도 없는

날갯짓을 하면서 산 밑으로 돌아나간다 강물이 흘러내려 가고

나무숲이 천천히 가지를 흔든다 이윽고 나무숲 새로

햇빛이 쏟아져 들어와 번쩍이면서 수천의 그림자를 지운다

새들은 하늘 높이 올라갔다가 내려오고

하늘 속으로 들어가 멈추어 있다가

시간의 거울 속으로 빠져나가면서

거울과는 반대 방향으로 날갯짓을 한다

하늘에는 수천 새들의 날갯소리로 시끄럽고

나뭇잎들이 우수수 떨어지고 요요마는 거울 속에서

거울의 부축을 받으면서 연주한다 황혼이 거울 속으로

몰아든다 새들이 또다시 띄엄띄엄 간격을 두고

날아가면서 꾸르륵꾸르륵 운다

의자

유리창 앞에
의자가 하나 있고
서너 권의 책들이 있고
난로가 바알갛게 불을 켜고
있다 벽시계도 있다
거실에는 겨울 햇빛이 들어와
의자 위에서 흘러내리고
벽시계에서는 똑. 딱. 똑. 딱.
초침 돌아가는 소리 간단없이 울린다
나는 책들과 일정한 거리를 두고 있다
난로와도 거리를 두고 있다
나는 책들과 다르고
난로와도 다르고
벽시계와도
햇빛과도
다르다
거실에는 서로 다른 것들이
용케도 어울려 굴뚝을 타고 오르는
담쟁이덩굴처럼 시간 속으로 한없이
뻗어가고 있다

밤새 마당엔 눈이 내려
마당과 싸리나무는 눈에
덮히고 마당과 싸리나무는 지금
눈 속에 하얀 빛과 소리로
있다 하얀 시간으로 있다
오오, 나의 너인 의자여
빛이 어둠 속으로 함몰되어가듯이
나는 네 속에서 하얀, 어둠이
내리는 마당을 보고 있다
싸리나무를 보고 있다

호탄리 詩篇

어둔 길로 한 남자가 경운기를 몰고,
그 뒤로 여자가 계집아이를 업은 채 타고 있다
그들은 반달처럼 허리를 구부리고 있다
개 한 마리도 허리를 구부리고서
꼬리를 흔들며 뒤따르더니
어떤 영상이 보이는지
방향을 바꿔 추수가 끝난 논으로
뛰어가고 있다 까마귀들이 후두둑
후두둑 날고 있다 낮게 또 낮게

까마귀들은 어떤 논에는 내리고
어떤 논에는 내리지 않는다
까마귀들의 뒤로 저녁 공기가 빠르게 이동한다
왼편 골짜기에서 어스름이 달리듯이 내리고
시간들이 부딪치면서 부서지고
어떤 시간들은 문을 닫고 침묵 속으로 들어간다
침묵 속으로 강물 소리 들린다
나는 강물 소리를 들으려고 귀를 모은다
나는 유리창에 얼굴을 대고 귀 기울인다
이제 경운기는 없다 개 한 마리도 없다

어둠이 내린 들녘에는 검은 침묵이 장력을 얻어
물결처럼 넘실대면서 금강 쪽으로 흘러가기 시작한다
금강이 검게 빛난다

어디서 달이 뜨는지
마른 풀잎들이 서걱이는 모습이 보이고
밤새들이 날아오르고 소 팔러 갔던
사내들이 술에 취해 노래 부르는 소리 들리고 있다

함티* 가는 길

한 시간이 가고
다른 시간들이 산 밑으로
그림자 되어 오는 길로
나는 간다 산 밑에는
벌써 몇 년째 빈집이 있다
지붕이 무너지고 벽이 내려앉고
마당에는 잡초들이 메말라
금방이라도 타오를 듯한다
햇빛 속으로 참새들이 오글오글 모여
있다 나는 돌멩이를 집어던지려다 말고
짚단처럼 버려져 있는 햇빛 속으로
시간들이 물소리를 내며 가는 것을
본다 시간들은 하염없이 우리가 온
길로, 우리의 발목을 잡으며 (오오
발목이란 얼마나 기다란 것인가!)
사립을 지나서, 둑길로, 골짜기로,
함티로 간다 나는 함티에 집이
있다는 두 아이와 어머니를
영동에서 만난 적이 있다
두 아이는 아이스크림을 먹고 있었다

여름이었다, 햇빛이 찬란한 날이었다

* 충북 영동에 있는 오지 마을. '咸'은 '충만하다,' '다하다'의 뜻으로 충만한 고개, 끝고개란 뉘앙스가 있다.

손
── 박재삼 시인을 위하여

유리창으로 넘어온 햇살이 사기그릇에 찰랑찰랑 넘칩니다

한 손이 조심스레 사기그릇을 들고 방 가운데 섭니다

사기그릇 속의 햇살은 사기그릇과

햇살 사이 방과 유리창 사이

무명으로 파동합니다

한 손이 고요로히 햇살을 적습니다

한 손이 떨립니다 한 손이 멈춥니다

떨림과 멈춤이 거의 동시적으로 되풀이되면서

속이 들여다보이는 시간들을 빨랫줄에 넙니다

그게 전부입니다 그 이상 방 안에는 사건이 일어나지 않고

사기그릇 속의 햇살은 넘치면서 적멸의 소리로 울리지만

소리들은 영토를 넓히지 못하고 울타리 안에서 사라져갑니다

전화벨이 운다

구름은 낮게 흐르고
주전자에서는 물 끓는 소리
쉬지 않고 울린다 나는
책을 읽다 말고 리모컨으로
티브이를 켠다 화면에서는
새들이 무량으로 흘러내리고
나무들은 재채기하듯 이파리들을
흔든다 파장이 물결치듯 흘러간다
시냇물이 흘러간다 따르릉따르릉
전화벨이 운다 나는 받는다 최 선생님 댁이세요?
안녕하세요 어제 동아일보에 난 시
보았어요 구례 산수유를 노래했더군요
구례는 제 고향이에요 梅泉의 고장이기도 하구요
내년 봄에 전화드릴 테니 꼭 한번 오세요
오오 산수유꽃! 아직도
치운 물속으로 떠내려가는 꽃!
봄은 전화를 타고 이렇게 먼저
오고 산수유꽃은 물을 타고
물속으로 흘러간다 어째서
물과 꽃은 이다지도 깊은 것인가!

바람이 대숲 길로 빠져나간 뒤

오후가 되어 함석집에는 고요가 배양되면서

한 아이가 자전거를 타고 마당을 빙빙 돌더니

대문 밖으로 나갑니다 아주머니들도 골목으로

오토바이를 타고 부릉부릉 빠져 갑니다

아주머니들은 백 년도 더 된 느티나무 그늘 아래로 달립니다 한 길에는 햇빛이 쨍쨍하고 녹음이 우거지고 개 한 마리 어슬렁어슬렁 길을 건너갑니다

마을엔 고요만 남아

마당과 담벼락과 골목으로

고무 풍선처럼 부풀어오릅니다

물 그림자 위로

햇빛 속으로 작은 그림자를 끌고
한 나무가 들어가고 다른 나무는
벼랑으로 가지들을 힘겹게 벌리고
있다 두 나무 사이 길이 있다
밀대 모자를 쓴 스님 셋
바랑을 메고 앞서거니 뒤서거니
간다 발에 차이는 돌멩이도 돌아보지
않는다 바람이 이는지 길바닥에는
무련의 날들이 쓸려가고 강 건너
이층집 유리창들이 번쩍번쩍
빛나고 우리가 읽은 상수리에서는
어느새 잎들이 뚝뚝 떨어진다
검붉은 가랑잎들이 이제는 기억을
지우며 물 위로 흘러간다

나는 다리 위에 있다

별일도 없이 가파른 들녘을 돌아다니다 보면 시간들은 흔적 없이 빠져나가버리고 검은 열매들이 느릅나무 위에서 뚝뚝 떨어져 내린다 강물이 얼고 풀리고를 되풀이한다 나는 다리 위에 서 있다 새들이 멀리 날아가고 나의 아이들도 서울로 인천으로 보스턴으로 떠난다 더 이상 세상은 사랑의 울타리가 되지 못한다 나는 밤처럼 울음을 삼키고 세상을 보고 있다

싸락눈처럼 반짝이면서

싸락눈처럼 반짝이면서
햇빛이 쏟아지는 벌판으로
사람들이 이리저리 이동하고
시간은 소리 지르지도 않고
정지하지도 않은 채 종잡을 수 없이
자취를 감춘다 강과 들로는
봄이 오고 여름이 온다 가을도
겨울도 온다

어느 때고 햇빛은 눈부시다
햇빛을 따라 강물은 범람하고
올챙이와 피라미 같은 것들이
수초 사이를 헤치고 다닌다 나는
들을 질러 골짜기로 들어간다
잠시 정적이 머물러 있는 숲에서는
간간이 보일러 돌아가는 듯한 소리가
울리고 솔방울이 뚝뚝 떨어지고

오랫동안 움직이지 않던 새들이
날개를 퍼덕이며 날아오른다

새여 무량의 시간 속으로 오르는 새여
너희 비상은 햇빛에 부딪히면서 파동을
일으키며 사라지고 햇빛은 우리에게
상처를 남기고 멀어져간다

나는 걸음을 재촉하여 골짜기를 빠져나간다
나무숲을 지나고 나무 다리를 건너는 사이
바람이 굽이쳐 와 옷자락을 날리고
산 아래 고자리에서는 그림자들이
달려 내려오고 황간에서는 등불이 오르기 시작한다
불을 켜고 달리는 차들을 따라 가을이 급박하게 온다

마애불이 돌 속으로 들어간다

어스름이 나뭇잎을 타고 흘러내리는
사이로 금강물은 마음을 가라앉히지
못하고 흘러내립니다 검은 바위
조차도 입을 다물고 있습니다
어제도 오늘도
진공의 골짜기를
빠져나와 금강 물이
흘러갑니다
사람들은 길 위에 있습니다
추억은 불안하게 그들의 기억 속을
돌아가고 그들은 각각으로 헤어지거나
각각으로 행방불명되어 어둠 속으로
일어섭니다
오랫동안 산기슭에 있던
마애불마저도 돌 속으로
들어가 돌의 눈으로
달리는 시간을 봅니다
시간의 물이 끝없이 아우성치며
서산으로 흘러갑니다

겨울 월광

공기를 타고 오르는
가창오리들이 날개를 치며 가는
들녘으로 여러 길들이 뻗어 있고
얼어붙은 버드나무들이 앙상히
늘어선 지방 도로로 짐차가
스노타이어를 낀 채 달린다
한 농부가 논둑을 걸어 강으로
가고 다른 농부가 담배를 피운 채
가는 농부를 본다 강에서는 사건들이
연달아 일어난다 지난달에는 농협 빚에
시달린 농부가 빠져 죽었고 서너 달 전에는
홀로 사는 할머니가 몸을 던졌다
농부들은 죽은 이들을 생각하며 겨울을
본다 밤에는 티브이를 켠다
노동자들이 붉은 띠를 두르고
무섭게 거리를 행진한다 농부들은
채널을 돌린다 십대 가수들이
몸을 돌리며 무어라곤지
꽥, 꽥, 소리 지른다 농부들은
꿈결 같은 소리로 달이 어둠을 헤치고

솟아올라 금강에 떠오르기를 기다린다
농부들은 꿈결에서도 달을
기다린다

불국사 회랑

한겨울에 걸었던 회랑의 구둣발 소리가
조금 높았던 것일까 30여 년이 흘러간
오늘사 말고 그 소리 뚜벅뚜벅 귀를
울린다 바람이 얼어붙은 가지와 가지
돌과 돌 사이 뚜벅뚜벅
멈추지 않고 울린다
그날 우리는 동래와 포항을 거쳐
백팔번뇌도 없이 도리천을 가고
있었겠지만 도리천은 나타나지 않고
보리수도 보이지 않았다 토함산
언저리로 바람이 차갑게 휩쓸고 갔다
화강암으로 만든 불국사 회랑,
기단뿐인 회랑, 구둣발 소리가
바위 속 깊이 새겨져 오늘도
들릴 듯 말듯 가슴을 울리고 있다

포플러들아 포플러들아

더 이상 종달이는 높이 날지
않는다 봄날은 지나가버렸다
긴 의자에 사람들은 오지 않고
시간은 주춤주춤 고장난 시계처럼
흘러간다 나는 창문을 빠끔히 열고
시간의 자국들을 보고 있다
이태리 포플러들이 강 건너 연푸른
가지를 드러내며 가지런히 있다
무슨 신호를 공중으로 보내고 있는 것 같다
오오 포플러들아 포플러들아
멈칫거리지 말고 말하라 바람은
언제나 흐르는 것이 아니다 바람의
날개에는 솜털 같은 은유들이 실려 있고
은유들은 희망도 없이 부서져내린다
들판은 멀고 멀다 개울로 흘러가는
물들은 병들었다 수세기를 두고
오염된 세상은 이제 종달이 하나
떠올릴 힘이 없다

마애불을 생각하며

고요하게
눈을 뜨고 마애불이
산 아래로 달리는 그림자를
보고 있다 날아오르는 검은
꽁지의 새들을 보고 있다
날이 저물어 침엽수들은 하나
둘 어둠 속으로 들어가고
아무도 모르게 달려온 시간들이
들녘에 깔려 밤을 재촉한다
길게 울며 언덕을 내려가는
염소들은 이제 밤을 볼 것이다
구름들은 추억을 볼 것이다
더욱 급하게 시간들은 들을
뒤덮고 염소와 나무들을
뒤덮을 것이다
우리는
모두 어둠에 있다
걸어온 길의 발자국을 기억하는 데도
우리는 숨 가쁘다 대지는 신음으로
가득하다 언제 우리는 밤과 함께
독이 될 수 있으리오

雨水

雨水라는 말이 그럴듯하다고 생각하면서
무심히 창을 여는데 길 건너편 슬레이트 지붕
아래로 달려들듯 노을이 흘러가고 가는 바람이 흘러
가고 볼이 붉은 아이가 간다 누가 스위치를 눌렀는지
어두운 창이 밝아지면서 추녀가 높이 솟아오르고
불분명한 시간들이 산허리를 타고
강둑 버드나무숲 쪽으로 휘어져간다

억새풀들이 그들의 소리로

억새풀들이 그들의 소리로 왁자지껄 떠들다가

한 지평선에서 그림자로 눕는 저녁,

나는 옷 벗고 살 벗고 생각들도 벗어버리고

찬 마루에 등을 대고 눕는다 뒷마당에서는

쓰르라미 같은 것들이 발끝까지 젖어서

쓰르르 쓰르르 울고 있다 감각은

끝을 모르고 흘러간다고 할 수밖에

없다

겨울이면 배고픈 까마귀들이

겨울이면 배고픈 까마귀들이 이 논에서
저 논으로 고랑을 뒤지며 바삐 걸음을 옮기고
참새들도 작은 모습으로 창가에 와 웁니다
눈 내리는 날은 눈물방울이 줄줄줄 흘러내리면서
들판을 지우고 강을 지우고 마을을 지웁니다
그런 날은 유난히도 저녁이 빠르게 옵니다
(독자여
밤이 오거든
유리창을
오래오래 보십시오
엑스선 사진처럼
검은 유리에서는
새들이 날고
새들이 울고
새들이 일렬로
이동하는 것이 보일 겁니다
살고 아파하고 이동하는 것들에 대해
우리는 관심을 두지 않을 수 없습니다)
밤은 아직도 유리창 밖에 움직이지 않고 있습니다
밤이 깔아놓은 길 위로 시간들은 사라진 것들의

이름을 부르며 가고 있습니다
나는 배고프게 세계의 중심에 있습니다
나는 헤매고 있습니다

동강에서

 동강에 온 사람들은 다들 비오리를 찾는다 별로 아름다울 것도 없는 이 새는 다른 새들이 동강을 떠난 다음에 나타나 물속을 헤엄쳐 다니다 어느 날 달빛의 사닥다리를 타고 공중으로 올라간다 비오리들은 한 걸음 한 걸음 달빛을 타고 간다 몇 개의 깃털도 뿌리고 간다 강과 하늘에 걸린 사닥다리는 바람에 흔들려 심한 곡예를 하지만 비오리들은 떨어지지 않고 어렵사리 숲을 빠져나간다 날이 가고 또 가고 동강에는 새 차를 타고 사람들이 나타나 사라진 풍경을 보며 관성처럼 풍경을 잡아당긴다 풍경이 끌려온다 가을이 몰려온다 홀로 남은 동강에는 싸락눈이 내리고 깃털 같은 것들이 눈 위로 날린다

나는 뭐라 말해야 할까요?

우리는 많은 길을 걸었습니다 아침이면 등산화 끈을 질끈 조여 매고, 여름 햇살을 등지고 월령산을 넘어 꽃무덤에 이른 때도 있었고, 덕유산 아래 갈마동에서 눈이 내리는 저녁을 보는 때도 있었습니다. 12월이 지나고 1월이 오면 중북부 지방에는 복수초들이 눈 속에 솟아오른다지만, 우리는 겨울 내내 방 안에 박혀 티브이만 보았습니다 다시 봄이 다가와 돌담 아래 민들레꽃이 피어날 때에야 간신히 골목을 빠져나와 실크 머플러와도 같은 햇빛을 목에 두르고 길을 나섰습니다 우리는 강둑으로 갔습니다 우리는 물이거나 바람이거나 햇빛처럼 반짝였습니다 우리 몸에서는 수많은 모세혈관들이 입을 열고 햇빛을 내뿜고 있었습니다 버들강생이들도 입을 열었습니다 순간 폭포수와도 같은 소용돌이가 일었습니다 어떤 것도 정지하거나 움직이지 않았습니다 그런데 웬일일까요? 나는 이 변화를 뭐라 말해야 할까요? 내가 발을 멈추고 머뭇거리고 있는 사이, 나는 뒤돌아볼 틈이 없습니다 내가 뒤돌아보며 감정의 굽이를 돌아갈 때, 그대 모습은 사라지고, 나도 사라져버리고 맙니다

햇빛 한 그릇

1

강 얼음처럼 금속성을 내며 햇빛이 유리창을
넘어 마룻바닥으로 한 뼘 한 뼘
기어 올라온다 그릇에 가득
담아 나는 검은 상 위에 놓는다
밤이 깊어도 햇빛은 사라지지
않고 일용할 양식처럼
찰랑찰랑 넘친다

2

나는 햇빛 속을 가고 있다 강물 위인 듯, 진공 속인 듯, 나는 맨 발로, 고개를 갸우뚱하고, 조금씩 흔들리며 블랙홀 같은 시간 속을 가고 있다 저편에 얼굴을 얼른 알아볼 수 없는 李箱 같은 사내가 몇 가고 오른쪽으로는 낙엽송이 져 내리고 볏가리들이 그 건너편에 세워져 있다 공기는 말라 바스락거렸다 나는 무어라 외치고 싶었으 나 (하다못해 어어이 어어이라고도 외치고 싶었으나) 소리가 나오 지 않았다 한꺼번에 시간들이 쏟아질 것 같은 예감에 시달리면서

몸을 일으켜 세웠다 그릇 위 햇빛이 반짝거렸다

3

고딕 성당 같은 건물의 내부로 들어갔다 하얀 문이 오른쪽에서도 왼쪽에서도 연달아 닫히고 열리며 가운을 입은 사람들이 들어왔다가 나왔다 나는 시월을 지나 십일월로 들어갔다 검붉은 이파리들이 날렸다 고슴도치들이 달렸다 고슴도치들은 한꺼번에 큰 바위에 부딪치기라도 하듯 언덕 아래로 떨어졌다

4

나는 꾸벅꾸벅 조을다가, 맨발로 고개를 갸우뚱하고, 조금씩 조금씩 무너지면서 베란다로 나갔다, 엘리베이터를 타고 아파트 뒷마당으로 나갔다 나는 들판 길로 들어갔다 은행나무 한 그루가 노오란 은행잎들을 영락처럼 달고 있었다
  그 아래 하느님도 있었다
  햇빛도 한 그릇 반짝이고 있었다

봄 길

남제주에 봄이 상륙했다는 春信이 오고 난 뒤부터 쩡쩡쩡쩡 해동 소리 산을 울린다 물속의 열목어도 잠에서 깨어나 꼬리를 들고 강물도 숨 쉬기 시작한다 나는 겨울의 굽이에 누워 옴짝달싹 않는다 나는 나이고 너는 너다! 그러자 하늘의 통제실에서 경고성 버저가 삐익삐익 울린다 더 이상 지체할 수 없다고…… 지체해서는 안 된다고…… 하룻밤이 지나고 또 밤이 지나간다 부드러운 바람이 골짜기를 빠져나가고 수류가 소리를 내기 시작한다 나는 더 버티지 못하고 벌떡 일어나 빠르게 숲을 뚫고 저수지로 내려간다 아직도 풀리지 않은 얼음이 바위 아래 남아 있고 흙을 파며 두더지들이 통로를 내는 소리 버석버석 들린다 나는, 내 봄이 빠른 것인지 늦은 것인지 모르면서 계속 들길을 걸어 내려간다

친구네 집

이번에도 친구는 먼 여행을 떠났는지
대문이 열려 있었고, 가을이 와서
뜰에는 낙엽들이 수북히 쌓여 있었다
나는 돌 틈에서 열쇠를 찾아
현관문을 열고 들어갔다
나는 거실을 지나 주방으로
들어갔다 바람과 쥐들이
여름내 소란을 피웠던지 마룻바닥은
월간지들과 원고지 가랑잎 쥐똥 같은
것들로 어지럽고 한밤중에는
풀벌레 울어 소리들이 이층 계단을
오르내렸다 나는 이층으로 올라갔다
층계가 삐걱거렸다 나는 계속 올라갔다
층계는 계속 삐걱거렸다 나는
유리창을 밀었다 유리창이 덜컹거리며
열렸다 바람이 쏴아쏴아 밀어오고
바다가 굽이치고 만 안쪽으로 정박해
있던 돛단배들이 바람 가득한 돛폭을 끌어올리고 있었다
나는 돛폭을 보며 아아아아 소리쳤다
돛단배도 나를 보며 우우우우우 소리치고 있었다

첫 시집*을 보며

은빛 서리들이 눈부시게 반짝이는 11월 아침 나는 서재로 가 첫 시집을 꺼내 읽는다 시들은 거의 모두 一字 행렬로 지나가지만 어떤 시들은 새들 모양 포르릉포르릉 날아오르면서 가슴을 치고 울린다 나는 건반을 가만히 누른다 소리들은 천장으로 솟아올랐다가 내려오면서 딱따구리처럼 실내를 시끄럽게 한다 나는 불필요한 단어를 지우고 행을 바꾸어도 딱따구리 소리는 멈추지 않고

계속 울린다

나는 잠시 시집을 접고 시대를 생각한다 시대의 숲 속으로 들어간다 칡덩굴과 잡목 숲이 길을 막고 시대와는 또 다른 소리로 공기를 흔든다 나는 귀를 모은다 멀리 솔잎 떨어지는 소리 들리고 어디서 본 듯한 사람의 등이 보이고 그늘에는 고요가 내려앉는다 어느덧 가을이 가고 겨울이 온다 고요는 겨울의 눈 속에

묻힌다

나는 다시 시집을 펴고 읽는다 유리창으로 들어오는 햇빛을 타고 조으름이 안개같이 스며들고 방 안 구석구석 괘종시계며 유리그릇들이 움직이기 시작한다 의자며 책이며 서까래도 움직이기 시작한다 이제 방 안은 넓어 기물들이 여러 겹으로 얼비치고 황혼이 다가와 출렁거린다 황혼이 오랫동안 창가에 머물렀다가

사라져간다

나는 황혼과 어스름 사이 시간들이 떼 몰려 가는 것을 본다 한때 나의 기도와도 같았던, 어머니의 어머니도 저만큼 바라보기만 했던 나의 시집이여…… 켜켜이 먼지를 뒤집어쓰고 있는 시집이여…… 황혼이 내리는 시간에도 자고 눈 내리는 날에도 자고 또 내리는 날에도 자거라 생각지 말고, 뒤척이지 말고……, 네가 자면 어느 날 나도 고요 속으로 내려가 자게 되리니

* 저자의 첫 시집 『우리들을 위하여』를 말한다.

연오랑과 세오녀처럼
―한승원 형에게

무지막지한 폭풍이 아무 예보도 없이
몰려와 살구나무의 살구들과 사과나무의
사과들과 돌배나무의 돌배들을 모조리
떨어뜨리고 간 뒤에도 우리나라의
전설에 등장하는 연오랑과
세오녀는 남해에 꿈쩍 않고
있다 눈부신 빛으로 있다
새야! 오늘 창가로 날아와
너는 오랫동안 울지만 나는
조금도 흔들리지 않는다
영원으로 가는 너는 거기 연오랑과
세오녀처럼 있고 연오랑과 세오녀처럼
부신 빛을 토해내면서 아름다운 소리로
울고 있다

68번 도로에서

이 지붕
저 지붕에서 등불이
오르고 사물들이 그들의 속도로
조금씩 조금씩 이동해간다
강물이 꿀컥꿀컥 기침을 하면서
수방을 넘어간다 나는 숨을
죽이고 듣는다 나는, 듣는다,
모든 밤이 그러하듯 무명으로
가는 길들은 침묵 속으로 줄지어
들어가고 침묵이 미루나무 가지들을
무겁게 들어 올린다 밤은 꼼짝 않고
윤곽도 드러내지 않는다 밤은 지옥
과도 같다 문자를 해독할 수 없는
표지판이 68번 도로에서는 덜커덩거리고
종일 고추밭을 매던 김동문 씨네 아주머니는
잠 속으로 떨어져간다 금강 물이 하류로 소리를 내며
흘러간다 다리 아래 비닐하우스에서는
토마토들이 신음을 토하며 익어간다

강이 흐르는 것만으로도

　강이 흐르는 것만으로도 시간들은 눈부시다 강의 속살까지 번쩍이는 시간들이 들이닫는 느낌은 서늘하다 못해 비명 같다 가끔 바람이 회오리쳐 가고 옥수수 이파리들이 하루가 다르게 자라 올라 들판 가득 소리의 물결을 풀어놓는다 소리의 물결 속으로 방울새들이 날아오르고 색색의 종달이도 오른다 소리와 시간들이 용수철처럼 튀어 오른다 엘란트라를 몰고 온 남녀가 팔짱을 끼고 강둑을 걷는다 그들은 그들의 가슴께에서 느끼는 감각으로 눈이 감긴다 한여름 강변에서는 고요가 나른하게 빛살처럼 일렁인다

황혼 저편으로

노을 속으로 그림자들이 사라지고 나면
지구는 어느 때보다도 힘겹게
어스름을 끌어당기며 밤 속으로 들어간다
내 것이 아닌 추억들이 소리 지르며 일어선다
주민들은 입을 다물고 가만가만 발길을 옮긴다
주민들은 침실로 들어간다 한밤에는
빗줄기들이 세차게 이파리들을
때리고 풍경은 길게 숨을 내쉬고
나는 두렵다 나는 눈 뜨고 있다
내 앞에는 아직도 검은 시간들이
뭉텅뭉텅 흘러가고 있다

비루먹은 말처럼

오 리도 못 되는 들녘에는
아직도 베어내지 못한 벼들이
비루먹은 말처럼 여기저기 널려 있고
검은 시간들이 물을 타고 신탄진 쪽으로
신탄진 쪽으로 밤내 소리치며 흘러간다
누더기와 같은 나무들이 바람에 걸린다
나는 말 한 마디 못 하고 맨발로 있다
맨발을 보고 있다 맨발이 어둠 속에서 나와
물소리 내며 흘러간다 어느 누가
이 밤에 깨어 저 물소리 듣나
누가 저 물소리 베어 먹을 수 있나
간혹 밤새들이 울고
트럭이 언덕을 넘어가지만
어디를 둘러봐도 중천에는
어둠이 흐르고 있을 뿐

별이 떠올랐다가 사라지는 날이여

여름풀들이 무릎까지 푹푹 빠지는 구렁으로 우리는 들어가

푸른 메뚜기들을 만난다 메뚜기들은 가끔씩 덥고 지루한 풀

숲을 빠져나와 책장을 넘기고 넘기면서 새로운 책장으로 들

어간다 책장 위에서 뒷다리에 힘을 주고 똥을 눈다 검은 똥이

뚝뚝뚝 구멍으로 빠져나온다 다시 메뚜기들은 뒷다리의 힘을 풀

고 눈을 굴린다 메뚜기들은 날개를 펴고 평형으로 날아오른다 그러

나 어떤 메뚜기들은 평형이

허물어지면서 날개가 부서져 내린다 별이 떠올랐다가 사라지는

날이여 부서져 내리는 메뚜기들을 보면서 우리는 슬프다

길 위에서

나무들은 멀어져가고 들이 어스름에
잠깁니다 한때 들에서는 영혼이 숨 쉬고
있었고 신들과 함께 구월을 맞으며
거주했습니다 그런데 우리 세기에 들어서면서
신은 떠나버렸고 우리는 비바람이 몰아치는
길 위에서 여러 길들을 보고 있습니다
언덕 아래 도랑에서는 물소리 들리고
우리 마음은 간절히 물에 잠기며 물을 따라
아래로 아래로 흘러가고 싶습니다
우리는 넋을 잃고 싶습니다
오오, 저는 애통하려고 여기 있습니다
어느 누가 우리의 토르소를 울리고 있습니까
우리는 누구입니까? 누구의 소유물입니까?
왜 아이들은 우리를 떠나 그들의 길을 저토록 바삐
갑니까 저는 찾아갈 집도 골짝도 없습니다
저는 혼자입니다
저는 떨고 있습니다

낮은 소리

내가 지금 무얼 생각하고 있는지
알아? 초콜릿이야 검은 초콜릿
아이들이 좋아하는 초콜릿 말이야
달콤한 시간처럼 우리는 초콜릿을
입안에 넣고 가만가만 빨아댔지
빨면서 달렸지 즐거웠지 우리와 함께
햇빛은 쏟아져 내리고 한 무리 오리 떼들이
날개를 흔들며 하늘로
날아오르다가 웅덩이에
떨어지고 물거미들이 놀라
달아나고 강심도
오랫동안 마음을 진정하지 못하고
흔들렸지 고요가 슬금슬금 움직였지
고요가 나를 불렀지 나는 고요 속에서
빠져나가려고 숨을 헐떡이며
달렸지 (달렸지 달렸지 달렸지)
오오 오늘 나는 다시 검은 초콜릿을 빨며
달리고 싶어 햇빛을 보고 싶어 머잖아
내릴 황혼을 기다리며 황혼이 부르는
소리를 듣고 싶어 어쩌면 황혼은

이리도 변했을까! 외치고 싶어
외치고 싶어

농부들은 마당을 어슬렁거렸다

유성 온천으로 단체 관광을
다녀온 뒤로도 마을 사람들은
해가 저물면 마당을 어슬렁거렸다
어떤 이는 공동 창고 뒤에서 오줌을
싸고 어떤 이는 리기다소나무 옆에서
줄담배를 피웠다 올해도
늦가을비로 포도 농사는 죽을 쑤고
농협 이자는 눈덩이처럼 불었다
사람들은 도시로 떠나거나 밤중
몰래 짐을 싸고 도망쳤다
그런 새에도 시간은 줄달음쳐
방에는 불이 들어오고, 보일러가
돌아가고, 거실에서는 티브이를
보았다 브라운관에서는 러닝셔츠를
입은 근육질의 사나이들이 아스팔트를
달리고 쥐똥나무 가에서 중년 신사가
담배꽁초를 집어 던졌다 왜 사람들은
달리고, 담배꽁초를 던지고, 티브이를
보는지, 그리고 왜 농부들은 마당을
어슬렁거리는지 알 수 없었다

알 수 없는 채로 나는 한길을 보았다
라이트를 켠 차들이 줄을 지어
지방 도로로 달리고 있었다

삽살개 같은 것들이

삽살개 같은 것들이
각자의 냄새를 풍기며
아지랑이처럼 넘실넘실 오는
봄의 표정은 미묘해서 형용키 어렵다

이 나무에서 저 나무로
이 논배미에서 저 논배미로
흐르는 바람도 여러 모습을 지녔다
어디선지 멀리 웅웅거리는 소리 들리고
사람들은 옷을 바꿔 입을 준비를 한다
다리 위로 경운기들이 털털털 오고 간다
아무 작용도 반작용도 없다 나른하다

그러나 주목하라! 봄은 어느새 눈을 씻고 우리 귓속으로 들어와
솜털 같은 소리로 은근한 말을 하고 있으니

하늘소

산과 들이
저녁을 달리고 언덕 위
참깨 다발들이 일렬로 늘어서 있다
어느덧 상강은 보름도 남지 않았다
퀴퀴한 냄새도 사라진 소똥 더미에서
딱지가 검은 하늘소가 기어나와 그의 생애를 뒤뚱뒤뚱 끌고 간다
붉은 해가 저녁을 되비춘다
메상골*은 뫼 위로 흘러간다

* 저자의 고향에 있는 작은 들녘.

별아!

뇌선(雷線)을 그으며 밤하늘로 눈부시게
떨어져가는 그대는 옛날 창부 같다
먼,
먼,
별아!

에튀드

그가 돌아간 뒤로 가을이 내렸다
유리창 너머 소나무숲 위로
아래로 또 후면으로
가을은 무지막지하게 내려 쌓였다
가을은 그렇게 내려 쌓이는 것이었다
그리고 가을이 가고 우리는 돌아보았다
해 질 무렵 산 아래 물 그림자와도 같이
사금파리들이 길바닥에서 반짝이고
아침이면 서리 내리고 안개 끼고 소리도
그늘도 없는 물 위로 안개는 흘러가면서 공기를
적시고 때로는 솟아오르면서 나무와
수초 사이 넘실거렸다
시간들이 져 내렸다
시간들이 쌓였다

때로는 네가 보이지 않는다
(2002~2005)

書床

 시인 김혜겸이 書床을 하나 선물로 가지고 왔다 헐어낸 고가에서 나온 구멍 숭숭 뚫린 널빤지를 정성스레 다듬고 네 귀에 나무못을 박고 가운데 서랍을 단 것이었다 도예가 이동욱이 만든 것이라고 했다 마루의 서쪽 벽면이 어울릴 것 같아 그 아래 두고 모시천을 깔고 작은 사발을 가만히 올려놓았다 흰 그늘 같은 것이 흐르는 듯했다 다음 날 아침에 보니 어디로 갔는지 사발이 보이지 않았다 다시 검붉은 기가 도는 갈색 꽃병을 올려놓았다 그것 역시 보이지 않았다 이번에는 시집을 한 권 올려놓았다 시집도 행방을 감추고 보이지 않았다 書床은 저 홀로 제시간에 흘러가는 어둠을 보고 싶은 듯했다 그리고 여러 날들이 지나갔다 우수도 지나가고 청명도 지나갔다 한식이 내일모레라는 날 나는 시를 쓰려고 이층 서재에서 파지를 수집 장 버리다가 작파하고 한밤에 층계로 한 걸음 한 걸음 내려갔다 나는 마루로 내려갔다 놀랍게도 마루에는 물과 같은 시간이 넘실거리면서 가고 있었다 書床은 시간 위에 둥둥 떠가고 있었다

바람이 센 듯해서

바람이 조금 센 듯해서 커튼을 치려고
유리창 앞으로 가자 나무들이 흔들리는
소리와 함께 희끄무레한 얼굴이
떠올랐습니다 어디서 본 듯
했습니다 그래 말했지요
나는 아침마다 설거지하고
아내를 하나로마트에 데려다주고
중미산을 넘어 설악동을 달린다고
요즘에는 거의 매일 설거지하고
마트에 가고 설악동으로 달리는데
공기가 심하게 부풀면서 굵은 비가
쏟아지는 날은 조심조심 브레이크를 밟고
차를 길가에 세운다고 삶이
위태롭지 않은 것은 아니지만
나무들이 흔들리고 흙탕물이 쏟아지고
차를 세우려면 왠지 슬퍼진다고
시 또한 슬퍼진다고

나는 너에게 편지를 쓴다

보라 가을은 저렇게 떨어지고 또 떨어지면서 비무장지대와 같은 나라를 만든다 북위 38도선을 오르내리는 비무장지대에서는 고슴도치와 멧돼지들이 송곳니 같은 털을 세우고 밤마다 산과 들을 달린다 고슴도치와 멧돼지들은 비무장지대의 강자다 그들은 메뚜기 이마빡 같은 밭을 온종일 가는 우리나라의 농부들처럼 자존심으로 골짜기를 달리고 철조망을 뚫고 경계를 건넌다 그런 날은 밤이 더디게 더디게 가고 별들이 멀리 궤도를 운행한다 나는 밤의 허리에 기대어 너에게 편지를 쓴다 보라 가을은 저렇게 떨어지고 또 떨어지면서 나라를 세우고 고슴도치와 멧돼지와 별들은 운명과도 같이 밤을 달린다

지리산 넘어 수십만 되새들이

　지리산 넘어 수십만 되새들이 까맣게 포물선을 그리며 돌고 돌다가 대숲으로 들어간다 순간 대숲은 일망무제와 같이 흔들리고, 흔들리면서 일어서고 소리 지른다
　아아 숲 속에는
　숲의 집 속에는
　피 흘리던 날들이 있다
　유리를 뚫고 천길 벼랑을
　뛰어내린 뼈아픈 날들이 있다
　이한열과 박종철이 있다 김상진이
　있다 아무도 말하지 않았던 사람들이 있다
　집으로 돌아가던 사람들이 있다 돌아보고
　돌아보라 대숲에는 아직도 십일월의 햇빛이 사금파리처럼 부서지면서 반짝이고 아침에는 무서리 내리고 지평선이 더욱 멀고 수십만 되새들이 지리산을 넘고 또 넘어간다 십일월에는 모든 것들이 물에도 젖지 않고 흘러내려간다

마음의 그림자

가을이 와서 오래된 램프에 불을 붙인다 작은 할머니가 가만가만 복도를 걸어가고 개들이 컹컹컹 짖고 구부러진 언덕으로 바람이 빠르게 스쳐 간다 이파리들이 날린다 모든 것이 지난해와 다름없이 진행되었으나 다른 것이 없지는 않았다 헛간에 물이 새고 울타리 싸리들이 더 붉어 보였다

우리가 멀리 떠나거나 잠이 든 새에

우리가 멀리 떠나거나 잠이 든 새에
안개는 물 위로 떠올라 강을
덮고 마을을 덮는다
아무것도 안 보이는
벌판 쪽으로 창이
하나 둘 열리고
나라들이 들어서고
저녁 열차가 덜커덩덜커덩 언덕 아래로
쇠바퀴를 굴리며 지나간다 다시
안 보이는 벌판 쪽으로
창이 열리고
나라들이 들어서고
십일월과 십이월이 황사와도 같이
시계를 가리며 간다 모든 시간의
그림자들이 줄지어 간다 지상엔
헌법재판소가 탄핵을 기각했다는
허섭스레기 같은 소문들이 가득해지고
시청 앞 광장에는 오늘 밤도 촛불시위가
계속된다 붉은 띠를 두른 전사들이
무어라고 알아들을 수 없는 소리로 외친다

우리가 멀리 떠나거나 잠이 든 새에……
안개가 물 위로 떠올라 강을 덮고
마을을 덮는 새에……

공중을 빙빙 돌며

공중을 빙빙 돌며
새 한 마리 머뭇거리다가
버드나무 가지에 내려앉는다
순간 이파리들이 동요하고
미닫이문이 열렸다가 닫히면서
햇살이 물밀듯 들어온다
미닫이를 통해 보면
햇살을 받아들이는 건 새도
버드나무도 들녘도 아니고 그 아래
일파만파로 파동을 일으키며 흘러가는
가을 강과 가을의 기억들, 수초들
눈여겨보면 어린 날의 물거미들도
파동을 타고 어디로인지 이동해간다
모든 것들이 간다
나는 마음을 가라앉히고 다시금 강을 본다
여전히 물거미들은 이동하고
구름이 모여드는지 산기슭에서는
나무들이 흔들리고 새는
버드나무 위에 있다 가을에는
물물이 빛나지 않는 것이
없다

징검다리

개울 이편과 저편을 물이끼 퍼어런 징검다리가

붙잡고 있다 모서면과 황간면의 산과 들도 어둠

속으로 들어가는 나무들을 붙잡고 있다 이편과

저편에서 바람이 나무들을 흔들면서 가만히 가만히

선을 그으며 간다

동쪽은 상주군 모서면, 서쪽은 영동군 황간면

그러니까 동쪽은 경상북도, 서쪽은 충청북도

나무들은 어데로, 어디로, 하면서 갈색 풍경을 떠나

다른 풍경 속으로 들어간다 황간에서 김천으로 몇 마리 까마귀들이 날아간다

까마귀들은 하늘 아래로 나무들은 바람 아래로

강물은 징검다리 아래로…… 다섯 시와 일곱 시

아홉 시 사이로…… 넘쳐 오르다가 흘러내려간다

나그네 발 아래로 개울물이 간다

메밀밭에서는

메밀밭에서는 수천 마리 벌들이 요란스럽게
윙윙거리며 꽃 위로 날아올라 갔다가 내려오고
햇빛은 번쩍번쩍 기슭으로 내려간다
파라솔을 쓴 여인이 햇빛에 밀려
흙길에 나타났다가 사라진다
벌들은 계속 꽃 위에서 아래로 오가며
윙윙거리고 메뚜기들은
지느러미를 움직이고 하늘에는 새들이
먼 곳으로 날아가거나 날아온다 오층 석탑도 폐사지도 가거나
온다
오늘은 처서, 한낮은 점점 끓어올라
비등점 가까이 이르고 구름이 뭉게뭉게
일어나고 덤프트럭이 달린다 간혹
여인들이 길 위로 나타나지만
메아리는 일어나지 않는다
이제 메밀밭에는 햇빛도 벌 소리도
밀도를 죽인다 한낮은
기우뚱 서쪽으로 넘어가고 소리들은
고랑으로 그림자처럼 내려선다

공중으로 너풀너풀 날아간다

차들은 저속으로 달리고

마을 지붕들은 붉거나 검고

그늘진 산 아래로는 새 한 마리

소리 없이 내려와 빨랫줄 위에 앉는다

집집마다 빨랫줄은 길고 빨랫줄 위의

빨래들은 희거나 붉거나 검다 솔기가 떨어지고

보푸라기들이 일어서고 색이 바랜 옷들이 가을의

실핏줄처럼 공중으로 너풀너풀 날아간다

시간들이 날아간다 나는 가슴이 울렁거리기 시작한다

오늘은 어린 시절의 일들까지도 송구스럽고 길 떠난

사람들이 걱정스럽다

저녁 종소리 울린다
── 곽광수 교수에게

여기저기 볏짚단들이
가을을 들어 세우고 있는 들녘에서
까마귀들이 날고 경운기가
털털털 나락가마를 싣고 간다
우리는 고개를 수그리고 따라간다
만 가지 감회 서린 어스름이 시시각각
색조를 달리하면서 우리 뒤를 따르고
시간도 시간들도 따라간다
빈 들이 시간들을 끌어당긴다
경운기는 잠시 균형을 잃고 비틀거린다
우리도 비틀거린다 경운기는 다시
균형을 바로 하고 털털털 동구길로
들어선다 경운기는 각자의 집이 붙은
골목으로 들어간다 마당으로 들어간다
놀랍게도 각자의 마당에는 당신이 오시어
무명의 어둠으로 가만히 서 계시고
우리는 머리를 숙이고 땅에 엎드린다
수확이 많고 적고를 불문하고 지금은
그러할 때이다 한 해 농사가 끝나고
남은 날들도 거의 가고 있으므로
저렇게 새날들이 서둘러 오고 있으므로

십일월이 지나는 산굽이에서

십일월이 지나는 겨울의 굽이에서 공기는 무겁게

가라앉으며 가지를 늘어뜨리고 골짜기는 입을 다문다

토사층 아래로 흘러가는 물도 소리가 없다 강 건너

편으로 한 사내가 제 일정을 살피며 가듯이 겨울은

둥지를 지나 징검다리를 서둘러 건너간다 시간들이

건너간다 시간들은 다리에 걸려 더러는 시체처럼

쌓이고 더러는 썩고 문드러져 떠내려간다 아들아

너는 저 시간들을 돌아보지 말아라 시간들은 오는 것도

가는 것도 아니다 시간들은 저기 저렇게 들과 같이

나둥그러져 있을 뿐…… 시간의 배후에서는 밤이 일어나고

미로 같은 안개가 강을 덮는다 우리는 돌아보아서는 안 된다

아직도 골짜기에서는 나무들이 기다리고 새들이 기다리고

바람이 숨죽인다 우리는 우리 앞에서 일어나는

소리에 귀 기울이면서 오래도록 걸음을 멈추고 있어야 한다

나는 산 밑을 돌아간다

뚝,
뚝,
뚝,
뚝,
뚝,
이파리를 떨어뜨리며
침엽수들이 서 있다
바람이 서 있다
새들이 서 있다
천태산에서 율치로 넘어가는
능선에는 어느새 얼음꽃이 피어
반짝이고 나무와 나무 사이
서릿발들이 허옇게 일어서면서
겨울이 중심으로 이동해간다
지구는 멀리 궤도를 돌아간다
나는 산 밑을 돌아간다
마을 앞 삼거리에는 한 사내가 서성거리고
느티나무 아래 새들이 기다리고 바람이
물처럼 흘러 개울을 빠져나간다
어느새 날이 기울어

가고 있다 나무들이
낙조 속에 있다

눈발이 날리다 말고

눈발이 날리다 말고 바람이 일어난다

마른풀들이 달린다 산 아래로 나는 빠져나간다

길 위에는 네가 남긴 시간들과 너를 여읜 통증이

뻗쳐 있다 나는 다리 건너

서울상회를 지나 삼거리로 가지만

집들은 꼭꼭 대문이 잠겨 있고 개들도 짖지

않는다 개들은 좀처럼 짖거나 뒤를 돌아보지 않는다

나는 정배리 쪽으로 간다

아직도 해는 공중에 떠 있고

그림자들은 흔들리고 나는 사랑이 없는 길 위에

서성이고 있다 시간이 서성이고 있다

시월은

시월은 북한강 물이 마르고 등고선을 넘어온 산들이

그늘에 잠기고 하늘과 나무가 흰 머리를 내밉니다

시월은 밤이 가고 아침이 옵니다 시월은 털이 덜 난

사람들이 다시금 들녘을 헤매고 바람 많은 실내에서는

여인들이 이불을 한 채 깁고도 성이 차지 않아 또 한 채 깁습니다

아아 시월은 눈물이 타는 서쪽 창문을 바람이 활짝 활짝 열어젖히고

붉은 자전거를 타고 집배원이 달리고

부고와 청첩장이 날아들고

김우창 선생님의 초대를 받은 시인들이 신발끈을 매고 서둘러 집을 나섭니다

시월은 모두 바쁘고 모두

충만하고 모두

칩습니다

나는 금강천을 건너

나는 금강천을 건너 무주로 간다

별들이 호두나무 가지 새에 하나 둘 걸리고 반딧불이들이

가지 아래로 흘러간다 물 먹은 새들이 흘러간다

오오 나는 언제 마른 늑골을 앙상하게 드러내면서

별처럼 떠오를 수 있나? 달은 언제 강을 비추나?

산굽이를 돌아 무풍을 지나고 거창을 지나면 길들은 전후좌우로 갈라지고

길들은 각각의 입속으로 들어가 입속에서 무너져 내린다

입속에는, 그러나, 건너야 할 징검다리들이 아직도 많이 남아 있다

물이 남아 있다 발이 시리고,

발이 깊고, 푸르다

오래된 우물

아침부터 나는 줄곧 유리창을 보고 있었으나
무엇을 보았는지에 대해서는 분명하게
말할 수가 없었다

많은 것들이 희미하게 지나가고 있었다

가을날들이 홑이불처럼 날리면서 가고 있었고
소나무들이 흔들리고 있었고
어두워지고 있었고

물을 한잔 마시고 있었다

하늘 아래 달과 물이
차오르면서 쿨, 쿨, 쿨, 쿨,
메아리처럼 울리고 있었다

메아리

 오래된 우물에 갔었지요 갈대숲에 가려 수시간을 헤맨 끝에 간신히 바위 아래 숨은 우물을 발견했습니다 마을 장로들의 말씀으로는 성호 이익(星湖李瀷) 선생께서 파셨다고도 하고 성호 문하에서 파셨다고도 하고 그보다 오래전 사람들이 파셨다고도 했습니다 아무려면 어떻겠습니까마는 좌우지간 예사 우물은 아닌 것 같았습니다 나는 천천히 고개를 숙이고 벌컥벌컥 물을 마신 다음 우리가 살아야 할 근사한 이유라도 있는 것이냐*고 가만히 물어보았습니다 그러자

 우리가 살아야 할 근사한 이유라도…… 이유라도……

하고 메아리가 일었습니다 그와 함께 수면이 산산조각 깨어지고 얼굴이 달아났습니다 나는 놀래어 일어났지만 수면은 계속 파장을 일으키며 공중으로 퍼져가고 있었습니다

* 한 편의 시도 발표하지 않은 채 외롭게 스스로의 생을 마감한 여림의 유작시 한 구절. 나는 그를 가르친 적이 있다.

구석방

　산 아래 이층 목조 건물은 긴 의자와 십여 개 유리창이 일제히 남으로 열려 있어 아침이면 햇빛이 쏟아져 들어오고 밤에는 별들이 내려왔다 개들이 컹컹컹컹 짖어댔다 나는 고해성사실과도 같은 이층 구석방으로 들어가 옷자락을 여미고 숨었다 구석방은 어두웠다 건축가 김수 선생님은 그날 지은 죄를 고하고 사함을 받으라고 구석방을 마련한 모양이지만 나는 고해할 줄 몰랐다 고해를 해본 적이 없었다 나는 죄의 대야에 두 발을 담그고 이따금씩 잠을 잤다 잠이 들면 새들이 소리 없이 언덕을 넘어가고 언덕 아래로는 밤 열차가 덜커덩덜커덩 쇠바퀴를 굴리며 지나갔다 간간이 기적을 울리며 가기도 했다 나는 자다 말고 벌떡벌떡 일어나 층계를 타고 내려갔다 냉장고 문을 열었다 우유를 꺼내 마셨다 토마토도 몇 개 베어 먹었다 밤은 아직도 멀었는지 창밖으로는 새까맣게 어둠이 흘러갔고 나는 의자에 주저앉았다 의자는 딱딱했다 의자가 밤 속으로 흘러갔다 다음 날도 그다음 날도 의자는 계속 흘러가고 있었다

빗속으로

　연일 장맛비가 줄기차게 내렸다 냉장고는 텅텅 비고 쌀독도 바닥이 나기 시작했다 우리는 빗줄기가 가늘어진 틈을 타서 차를 몰고 중미산을 넘어갔다 양평장으로 갔다 우리는 서둘러 여주쌀과 가지 시금치 배추 고추 간고등어를 사가지고 오던 길로 다시 달렸다 중미산을 넘고 정배리 계곡으로 들어서자 다시 빗줄기가 굵어지고 기슭을 타고 내려온 빗물이 아스팔트 위로 흘러넘쳤다 빗물을 타고 작고 푸른 산개구리들이 수백 마리 길 가득 뛰어올랐다 나는 브레이크를 밟았다 계속 빗물과 산개구리들은 소리 지르며 뛰어오르고 어둠이 빠르게 지나갔다 시간은 여섯 시를 넘어서고 있었다 나는 헤드라이트를 켰다 빗물과 산개구리들이 라이트 속으로 풀쩍풀쩍 뛰어올랐다 나는 엑셀러레이터를 밟았다 천천히 바퀴가 구르고 빗물과 산개구리들이 뛰어오르고 차는 속도를 내어 달렸다 빗물과 산개구리들은 차보다 빠르게, 차 앞에서, 뒤에서 공중으로 뛰어올랐다 아무것도 보이지 않는 캄캄한 밤이었다

가을 광활

우리나라에서 가장 긴 낙조가 내린다는
광활면에 가면 눈이 부시어 어느 곳에
서라도 가만히 있을 수 없다
여기저기 붉은 산이 솟아오르고
벼들이 물결치고 어스름이 옷 적신다
우리는 뒤를 돌아보지 못한다
들녘에는 키 큰 미루나무들과
전신주와 슬레이트 지붕들이
띄엄띄엄 있고
골목이 있고
낮은 담장이 있고
피마주도 있다
하늘의
구름까지도
그대로 있다
여름까지 피는 것 지는 것들이
모두 함께 어우러지더니 가을 들어
슬프달 것도 없이 우리 마음의 낙조를
타고 사라져간다
광활면은 모든 것들이 사라지면서
광활해져간다

잠시, 생각의 순간에

비무장지대를 가로질러 검은 열차가 달린다

쇠기러기와 독수리 들이 달린다 멧돼지들이 달린다

들판이 달린다 들판의 뒤를 따라 무어라고

말할 수 없는 것들이 달리다가 말고 웅덩이에

고인다 죽음도 고인다 죽음은 그들이

넘어왔거나 넘어간 길을 그리다가

멈추어 서서 잠시 생각에 잠긴다

아주 짧은 순간에 침묵이 와서

생각과 생각의 사이로 내린다

비무장지대처럼 내린다

검은 열차가 서서히 멀리 사라진다

두 여자가

덤프트럭과 자가용들이 이열종대로
소음을 일으키며 달리는
중부고속도로 언덕 아랫길로
두 여자가 가만가만
이야기를 주고받으며
옥수수밭을 돌아간다
옥수수밭이 끝나고 억새들이
술렁거리는 사잇길로 두 여자는
지나간다 두 여자는 징검다리를 건너간다
오매! 하고 호들갑을 떨며 간다
한 발 건너 두 발 건너 다리를 건너간다
아직도 다리 위에는 여름 해가 걸리고
물속에는 두 여자 그림자가 어른거리고
물 위로는 바람이 넘실거린다
산 아래는 문이 닫힌 집이 몇 채
그들끼리 있다*

* "문이 닫힌 집이 몇 채 그들끼리 있다"는 오규원의 시 「집과 허공」의 한 구절임.

별것도 없다고 투덜거리던 달도

지구를 돌고 돌아도 밤이 가고 또 갈 뿐

별것 없다고 투덜거리던 달도

마당 깊은 집으로 사람들이 모여들면

걸음을 멈추고

내려다본다

K와 함께

어제 너와 나는 갈대밭에 있었다 느리게 강물이 물굽을
일으키며 흘러가고 햇빛이 번쩍이고 시간들이 출렁거렸다
매일같이 우리가 보고 마시던 시간들이었다
유독 그 시간이 출렁거린다고 느꼈던 것은
너의 부재 때문이라고 생각했다
갈대밭에 너와 나는 나란히 앉아 있었으되
너는 내 시간에 없었고 나도 네 시간에 없었다
오늘 밤도 강 건너 산 위로 둥글게 달은
떠오를 것이고 상수리도 오를 것이고
상수리는 흔들릴 것이다
나는 유리창 너머로 볼 것이다
나는 김병익에게로 가 너를 꿈에 보았다고
말할 것이다 아니 말하지 않을지도 모른다
나는 네 그림자가 드리운 미명 속을 갈 것이다
금강 물을 따라갈 것이다

그해 겨울에는

그해 겨울에는 폭설이 내려 지형지물들이 모두
눈 속으로 들어갔습니다 토속가든을 끼고 도는
비포장도로도 자취를 감추고 경계가 사라졌습니다
산 밑에 남은 것은 잣나무와 소태나무뿐
그러고 보니 소태나무 아래 녹슨 컨테이너도
저녁 눈과 부적절한 대비를 이루며 흔들리고 있었습니다
눈은 계속 내리고 개들은 컹컹거리고
급기야 비포장도로 끝 이층 벽돌집에서는
제설차를 불렀습니다 부릉부릉 제설차가 나타났습니다
비포장도로에서는 연탄재와 쓰레기가 솟아오르고
머리 허연 늙은이가 골목길에서 나타나
제설차 쪽으로 손가락질하며 달려왔습니다
여전히 눈은 내리고 제설차 바퀴는 구르고 늙은이는 손가락질하며 외쳤습니다
아이들은 보이지 않았습니다 동박새도
산비둘기도 보이지 않았습니다

어디선지 한 소리가

새들이 떠올랐다가 사라지고

산 아래 나무들이 느릿느릿 가지를 흔든다

세상 모든 것들 길 가다 말고 멈춰 서서

돌아보는 시간은 멀고 희미할 뿐

검은 산도 물그림자도 저물녘에는 징검다리를 소리 없이 건너고

줄기 붉은 수초들이 고개 숙이고서 어스름 속으로 들어간다

해남 가는 길

수만 마리 가창오리들이
하늘을 들어올리면서
날아가는 남부 지방의 겨울은
골짜기를 타고 빠르게 내려갑니다
아직도 반쯤 남은 이파리들을 달고
싸리나무들은 떨리는 소리로
시간의 가장자리를 흔들고
저수지 물은 차갑게 얼어붙고
한길에서는 집으로 돌아가는
사람들이 예감에 사로잡혀
어깨를 움츠립니다
동지가 언덕을 넘어옵니다
별이 한둘 떠오릅니다

기억할 만한 어느 저녁

마루
저편에
사방탁자와 문갑
의자와 책들
때 묻은 살림들이
있고 먼지와 바람도 있다 아내는
신경을 죽이고 뒤꼍으로 나간다
아내의 뒤로 소리들이 따라 나간다
나는 현관문을 열고 밖으로 간다
보이지 않지만
언덕길은 구부러지고 무슨
징표처럼 한쪽이 허물어지고 한쪽이
비어간다 나는 대빗자루를 들고
마당을 쓴다 아내의 넋두리가 일정
음정으로 울린다 나는 계속 마당을
쓴다 마당이 넓어지면서 앞산이 가까이
다가서고 금강 상류도 소리를 죽이고
흘러간다 배고픈 산비둘기들이 구구구구
운다 나는 강둑길로 내려서려다 말고
낙조가 들이비쳐 속살까지 붉은

강심을 물끄러미 본다 강심이
거울 속처럼 환하게 타고 있다

봄날이 온다

 겨울이 내려오는 길로 세 사람이 가만가만 이야기를 주고받으며 걸어가다가 다리에 이르러 너무 멀리 왔다고 생각하는지 껄껄 웃으며 고개를 외로 돌린다 언제 내렸는지 모를 눈이 왼쪽 소나무 가지 끝에 조금 남아 있고 가지와 가지 새로 진박새들이 오르내린다 바람이 새 깃을 가볍게 흔든다 시간들이 출렁인다 겨울이 좀더 빠르게 이동해가고 공기가 무겁게 내린다 무엇이 우스운지 세 사람은 다시 또 껄껄 웃는다 웃음소리에 놀라서인지 십 리 안팎의 진달래와 철쭉과 산동백이 다투어 피고 봄이 폭죽처럼 터져 오른다 밖으로 열린 유리창에서도 캘린더 넘기는 소리 요란하다

가라앉은 밤

날이 저물어가면서
세상이 줄줄이 어둠 속으로 들어간다
물거미와 장구벌레 같은 것들도 파장을 그으며
간다 아무것도 보이지 않고 들리지 않으므로
한없이 고통스럽고 두려운 우리는
그것이 한 개의 돌이거나 지평선에 드러누운
나무들이라 할지라도 놀라지 않을 수 없다
밤낮으로 지나는 골목에서도 우리는
문득문득 걸음을 멈추고 뒤돌아본다

할머니들이 겨울 배추를 다듬는다

얼음장 아래 흰 물이 흐르고 슬레이트 지붕을 한
토담집 예닐곱 채 황태처럼 언덕에 매달렸다
오늘이 소한(小寒)인 것도 모르고
할머니들은 햇볕으로 나와
겨울 배추를 다듬는다
둥근 해가 잠시 잠깐
거기 머문다
새들도 날기를 멈추고
공중에 기우뚱하니 있다
온갖 것들이 햇빛을 그리며
햇빛 속으로 꾸역꾸역 밀고 나온 양지맡에서
할머니들은 배추를 다듬으며 햇볕 속에
오래오래 있다

북한강

겨울 강이여
그대 허리에 걸린
다리에 서 있으면 허파는 벌떡이고
울퉁불퉁한 길을 돌아 마른 억새들이
흘러내려온다 물오리 새끼들도 따라온다
하지만 나는 무엇인가에 발목이
잡혀 옴짝달싹 못한다 나는 올라가지도
내려가지도 못한다 네거리에서는
일 톤 트럭과 자가용들이 씽씽 달리고
깃을 세우고서 사람들이 좌로 우로 왔다 간다
어느 지점에선가 분명 다른 강이
시작되고 다른 바다가 흘러가고
다른 사람들이 사기 치고
횡령하고 행패 부리고 시위하며
간다 눈덩이 같은 카드 빚을
탄식하며 여인들이 간다
나는 넘어가는 해를 보고 있다
나는 나무를 보고 있다
새들을 보고 있다
북한강에는 어스름이 내리고

물이 흐르고 시간의 소리
높게 울린다

오래오래 누워

해풍에 걸려 소나무와 갈매기들이 날아간다

언덕에는 방갈로 몇 채 서 있고

여인들이 비키니 차림으로 돌아다니고

해조음을 실은 바닷물은 주기적으로 모래를 밀어 올리고

쓸어내리기를 반복하면서 시간을 벼랑 끝으로 밀어붙인다

나는 등불을 들고 있는 처녀와도 같이 모래밭에 모로 누워 있다

나는 누구인가를 기다리며 죄짓고 있다

오래오래 누워 죄짓고 싶다

나는, 지금

상수리들이
이파리를 모두 떨어뜨리고
벌거숭이로 있는 겨울 산에서는
작은 돌멩이 하나
구르는 소리도
쩌렁쩌렁
산을 울리고
가지를 찢는다
시간들이 줄행랑친다
골물은 소리를 죽이고서
흐르고 공기는 무겁고
수은주가 자꾸 영하로 내려간다
나는 문을 닫아걸고 커튼 뒤로 숨는다
거울 속으로 숨는다
거울 속에 나는 지금
있고
없다

겨울 도장리

언제 올지 모르는 새들이 하늘에 있습니다
까만 까마귀들도 전선줄 위에 있습니다
박새와 오목눈이도 있습니다 박새와
오목눈이는 이 가지에서
저 가지로 후르륵후르륵
먹이를 찾지만
나무들은 꼼짝 않고 거기
그대로 있습니다
서울상회 앞 도로 표지판도
플라스틱 의자도 빈 병도
모두 그대로 있습니다
털모자를 쓴 사람이 길 가다 말고
허리를 굽히고서 무엇을 찾는지
호주머니를 뒤지다가 갑니다
털모자는 다리를 건너갑니다
겨울 해는 짧고 경악에 가까운
추위는 개울물을 꽝꽝 때리며
삼거리에서 세 길로 나누어 흩어져 갑니다
그때까지도 삼거리 뒤 도장리(道藏里)는 골짜기
깊숙이 길들을 숨기고 그림자를
드리우고 있습니다

결빙(結氷)의 문장을 읽는다

 결빙(結氷)의 문장을 읽는다 어느 시인이 북극에서 포획해 가지고 왔다는 극도로 단단하고 투명하기도 한, 이물질과도 같은, 나는 결빙(結氷)을 이해하려고 머리를 싸매고 읽는다 읽을수록 문장은 미궁 속으로 빠져들어간다 해는 좀처럼 떠오르지 않고 바람도 없고 거리와 골목은 비좁고 마침내 폐쇄된다 나는 남은 문장을 버리고 집을 나선다 이상한 해방감이 감돌면서 나는 찬 기운이 도는 길을 지난다

시베리아 판화(版畵) 1

횡단 열차가 이르쿠츠크 역에 멈추면 향수 실은 여행객들은 꾸역꾸역 개찰구를 빠져나와 시베리아로 시베리아로 향한다 수피 흰 자작나무들이 모두 한 방향으로 늘어서고 순록이 빙벽을 넘고 역광을 받은 눈보라가 번쩍번쩍 빛난다 그 나라에는 국경도 없고 깃발도 없고 도로 변경 표지판도 없다 여행객들은 투어 버스를 타고 호텔로 가거나 목조건물로 들어간다 그들은 목욕을 하고 침대 속으로 들어가 깊고 깊은 잠을 잔다 밤중에는 굵은 비가 후두둑후두둑 떨어지고 홈통을 타고 흘러내리는 빗물이

층계와

유리창과

복도를

울린다

개들이

짖는다 개들은 물속에 있다

개들은 물이다

비는 계속 내리고

하늘과 바람과 먼 우레의 한없는 의존 속에서 빗줄기들은 앙카라 강 상류로 떨어진다 급작스레 수면이 요동치며 솟아오른다 여행객들은 서둘러 가방을 들고 현관을 빠져나온다 그들은 입구도 없고 출구도 없는 시베리아의 길로 들어선다 길들이 비와 시간에 밀리고

밀리면서 한 길이 지워지고 다른 길도 지워진다 이제 길 위에 길은 없고 시베리아도 없다

시베리아 판화(版畵) 2

 객차를 수십 량 단 시베리아 횡단 열차가 덜커덩덜커덩 예니세이 강을 건너가고 자작나무 숲에서는 아직도 유형수들이 쇠고랑을 차고서 벌목하는 소리 꿈결처럼 들린다 밤에는 몇 번씩 섭을 하고 아이를 낳는다

 이빨 빠진 노인들은 강가에서 긴 낫으로 풀을 베다 말고 하늘을 본다 하늘은 우중충하다

 노인들은 다시 낫질을 하다가 잡풀 사이로 피어오른 진보랏빛 꽃을 보고서 가만히 소리한다

 초롱꽃아 초롱꽃아

 세상 부끄러워 말고

 활짝 피거라

 네가 피어

 우리는 살맛 나거니

시베리아 판화(版畵) 3

    시베리아 피마자들이 검붉은 이파리로 누추를 가리고 있는 오두막집 대문 틈으로 한 아이가 안을 들여다보다가 달아나고 또 다른 아이가 두 눈을 들이밀다가 달아나고 세번째 아이가 대문 위로 얼굴을 들어 올리다가 달아난다 현관 층계에 앉아 있던 할머니가 입에 옮기기도 힘든 상욕을 마구 퍼부어댄다 할머니는 잠시 입을 다물었다가 또 욕을 퍼부어댄다
    우리 아들놈은 이차대전 때 죽고
    손주놈은 칼 맞아 죽고
    며느리년은 도망치고
    그래서
    그래서
    나는 혼자 산다고
    그래서 죽음이 소중하고
    그리워 산다고

침묵 속으로

이층집 한 채와 단층집이 산 아래 있다
이파리 넓은 옥수수들이 이층집과 단층집을
두터이 감싸고 벽돌담이 가르고 옥수수밭
아래로 한길이 흘러간다 바삐 산비둘기들이
고랑을 뒤진다 아이들은 보이지 않는다
아이들의 자리에 햇빛과 바람이
가장자리를 울리며 사라지다가
돌아와 그늘 속으로 들어간다
밤에는 별들이 떠오르고
지붕이 숨을 죽이고
단층집 현관문이 열리면서
사내가 나오지만
밤은 동요하지 않고
아래로 아래로 흘러간다
사내는 손가락질을 하며 따라간다
밤은 아랑곳없이 하류로 빠져나간다
사내는 계속 손가락질하며 따라가고
밤은 깊어가고 밤은 꼬리도 없이
침묵 속으로 빠져 들어간다

외몽고

외몽고 지도를 들여다보면 영하의 바람과 붉은 언덕과 유목민의 말 떼가 새로운 패러다임으로 달려온다

폭설과 한파가 몰아온다 저녁이 되어 지구의 표면은 흰 물결이 굽이치면서 흘러가다가 울란바토르에 이르러 눈부신 몸을 드러낸다 지구는 실오라기 하나 없는 몸으로 선을 긋는다

(선에 의해 그려진 네 울타리는 얼마나 높고 순수한가)

나는 울타리 가에 초소를 세우고 외몽고를 지킨다 나는 순수주의와 역사주의 사이에서 부딪치고 부서진다 나는 작아지고 또 작아진다

외몽고는 유적지처럼 달리는 속성도 잊어버린 채 솟아올랐다가 어느 날 자취도 없이 사구로 사라진다 천 년…… 또 천 년…… 언덕과 초원은 수평선이 되어 펼쳐지고 말들이 앞발을 세우고 달려간다 불과 같은 소리들이 일어선다 해조음이 바다 끝에서 일어난다

나는 시간이 부서지고 부서지던 날의 굉음을 들으며 사구를 넘어가는 해를 오늘도 하염없이 본다

한 줄기 회오리 같은

금강에서 올라온 아침 안개가 무명천으로

갈기산을 가리고 눈 뜨지 못한 새와 바람이

물속으로 들어간다 역사에는 보이지 않으나

한 줄기 회오리 같은 예감이 산굽이를 휘돌아

빠르게 상류로 올라간다

사람들은 사립을 열고 한길로 나온다

언덕 위 채마밭에는 햇빛이 들기 시작하고

개양귀비와 심홍색 원추리 땅강아지 들이

고개를 내민다 어느새 갈기산에는 안개가 가시고

나무와 나무 새로 갖가지 색조들이 오버랩하면서 출렁인다

구부러진 해안선으로

구부러진 해안선으로 바람이 날리고 저녁이 빠르게

달려간다 문둥이들은 손을 멈추고 일어서서 하늘을

보다 말고 바삐 집으로 간다 아직도

서쪽 하늘에는 해가 걸려 있고 한밤중에는

달이 떠올라 바다를 물들인다

바다가 물들면 문둥이들은 어디로 가는가?

어디로? 어디로?

오오 가을밤은 여름보다 길고 밭고랑에서는 배추들이
퍼렇게 자라고 어떤 포기들은 겉 이파리가

누렇게 바랜 채 그대로 있다

문둥이들처럼 있다

바다와 산을 넘어

　크고 사나운 맘모스처럼 문둥이들은 바다를 건너고 산을 넘어 푸른 호수에 이르렀다 문둥이들은 그들을 보고 있는 호숫가에 몇 날이고 몇 밤이고 서 있다가 무슨 예감에 싸인 듯 호수 속으로 뛰어들어갔다 그들은 호수의 깊고 푸른 눈 속으로 들어갔다 엄청나게 푸르고 깊은 흐름 속에서 수초들은 흔들리고 시간들이 흐르고 호수의 모든 생물과 무생물들이 한 리듬으로 점점 빠르게 춤을 추었다 그것은 루이 암스트롱이 정신없이 불어대는 색스혼에 맞춘 춤이거나 인디언의 북에 맞는 춤이었고 그런 표현을 허락한다면 그것은 수수만리 불어오는 폭풍우였고 천둥 번개였고 소리 없는 소리였다 오오 소름 끼치게 푸른 호수의 소리 속에 눈이 내렸다 한없이 내렸다 이제 소리 속에는 아무것도 없었다 고요한 눈밖에 눈의 문자(文字)밖에

저녁 배에 오르다

모자를 눌러쓰고 들을 질러갔다
바람과 억새풀을 뚫고 갔다 마침내
길이 끊어지고 옹벽이 시작되는 곳에서
나는 훌쩍 저녁 배로 뛰어올랐다
덜커덩덜커덩덜커덩 하행 열차가
달리고 버드나무 가지들이 타오르고
(순간 타오르는 건 버드나무 가지뿐이었다 아니 검붉은 강물이
그 아래 흐르고 있기는 있었다) 강물은
검붉은 살을 일렁이면서 밤을 기다리고
저녁 배는 강물을 가르며 나아갔다 나는
강물과는 다른 쪽으로 허리를 굽히고 귀를
모으로 있었다 어둠이 골짝에서 무너져
내렸다 대지가 땅에 엎드렸다
물 위로 바람이 지고
밤이 가고 우리 모두
가고 있었다

겨울 단양행

산 아래로 구름이 내려오면서
바람이 일고 소백산은 갈수록
깊어간다 영동을 떠난 지 벌써
다섯 시간째 차는 헉헉거리며
죽령고개를 넘어 터널을 빠져나간다
시간들이 파랗게 얼어 유리창에
달라붙는다 연화봉 아래
희방정사에서는 저녁 예불을 올리는지
범종 소리 떼엥떼엥 울고
고라니들이 소나무 숲 새로
걸음을 죽인다 나는 해남길에서
저러한 고라니들을 본 적이 있다
고라니들은 숨을 죽이고 있다
고라니들이 두렵다
어스름이 내리는 골짜기로
차는 숨 가쁘게 내려간다
언뜻언뜻 표지판이 보인다
'단양 20킬로미터'
20이라는 글자가 또렷이
시야에 들어오다가 사라진다

나는 달린다 범종 소리 다시
사방을 울리고 소리들이 풍경을
거두어 가지고 어둠 속으로 들어간다

밤의 다리

짐차들이 헤드라이트를 켜고 무주로 진안으로

달리는 다리 위 어둠은 달과도 같이 무르익은

모습을 드러내며 흘러간다 밤의 다리는 표지판도 가드라인도 없다

새 한 마리 어둠 속에서 어둠을 밀고 나온다 새의

날개는 길고 검다 새는 다리 위로 올라갔다가

내려오고 물속으로 들어갔다가 물속에 발을 내리고

선다 꺽꺽꺽꺽 새는 울지 않는다 새의 울음통은

크다 나는 커튼을 내리고 방으로 들어간다

의자에 앉는다 스탠드를 켠다 불이 들어오자 어느새

새는 불 속으로 들어와 붉은 부리로 불을 쫀다

불이 부서지면서 어둠의 아래로 떨어져 내린다

아직 밤은 다하지 않았고 별이 오르는지

나무들이 흔들리는 소리 들리고

바람이 골목으로 빠져나간다

힘든 여름

땅은 달아오르고 시간은 더디 가고 새들은 징벌처럼 서 있다 참나무와 도토리나무도 서 있다 새들은 이 가지와 저 가지 새로 빠져나가는 여름을 보며 울고 있지만 그들이 왜 우는지 아무도 돌아보려 하지 않는다 참나무와 도토리나무도 보려 하지 않는다 산 아래 마을에서는 라디오가 사정없이 볼륨을 높여 이 강산 낙화유수를 부르고 아이들이 달려가고 해는 구부러져간다 나는 변두리에서 변두리로 이동한다 나는 수릉리에서 문호리로 이동한다 오늘도 나는 이동을 반복하면서 여름을 견딘다 나무와 새들도 각각의 방식으로 여름을 견디며 보낸다

소록도 7

 크고 작은 보퉁이를 이고 철선(鐵船)을 내린 아낙들이 울퉁불퉁한 길을 돌아가노라면 오래된 교회가 나오고 길게 휘어진 해안길이 시작된다 아낙들은 종종걸음으로 간다 때마침 계절풍이 불어와 청솔가지들은 흔들리고 바다가 차오르고 새들이 후드득후드득 날아간다 벽안의 천사들이 병원 문을 닫고 들어간다 계절풍은 그 뒤로도 세차게 계속 불어와 소나무는 소나무들끼리 판잣집은 판잣집끼리 문둥이는 문둥이들끼리 서로 부여안고 밤을 보낸다 아무도 입을 열지 않는다 소록도는 비극적인 징조를 점점 선명하게 보이면서 벼랑으로 굴러떨어진다 검은 바다가 소록도를 집어삼킨다

촛불을 들고

사 층 붉은 벽돌집에 미군들이 살았다 원래 천주교 사제관이었던 건물은 언제나 붉은 햇빛이 가득했고 미군들은 지프차를 타고 들락날락했다 아이들은 기브 미 쪼코렛 기브 미 쪼코렛 소리 질렀다 때때로 미군들은 유리창 밖으로 얼굴을 밀고 초콜릿을 종이처럼 뿌렸다 아이들이 벌 떼처럼 몰려갔다 날마다 거의 유사한 풍경이 반복되었다 어느 여름날 저녁 사 층 화장실 문이 열리더니 물 젖은 블론드 머리의 여군이 한 움큼 초콜릿을 던졌다 또 아이들은 벌 떼처럼 몰려갔다 아무도 여군이 벌거벗고 목욕을 하고 있었는지 변을 보고 있었는지 생각지 않았다 그리고 어느 날 미군들은 떠나고 아이들도 소도시를 떠나갔다 소도시는 잡초가 무성해지고 꽃들이 피어 열매를 맺었다 빨간 열매를 먹으며 어느 날 미군 전차가 두 여중생을 깔아뭉개 죽인 사건이 돌연히 일어났다 시민들은 너도나도 촛불을 켜들고 광화문으로 시청 앞으로 모여들었다 나도 촛불을 들고 시청 앞으로 갔다 시민들은 양키 고 홈! 양키 고 홈! 외쳤다 나도 양키 고 홈! 외쳤다 그러자 기억에서 사라졌던 블론드 머리가 물에 젖은 채 미로의 비너스처럼 솟아올랐다 나는 계속 양키 고 홈을 외치면서 블론드 머리에 끌려가고 있었다

시베리아 판화(版畵) 4

하이타이로 빨아 널은 하늘의 빨래가 펄럭펄럭 날리고

줄기 흰 자작나무 이파리들이 바람을 안고 설렁인다

투어 버스를 타고 이르쿠츠크와 울란우데에서

관광객들이 꾸역꾸역 몰려든다 하늘의 빨래는

더욱 팽팽하게 펄럭이고 오후 넘은 호반에는

환바이칼 열차가 움직이기 시작한다 푸틴이

등장하면 모든 길이 막히고 열차도 정지한다는

바이칼의 나무와 새들은 공경스러이 손님들을 맞아들인다

열차는 가다 서다를 반복하고 주민들은 창밖에서

오물*을 사라 외치고 열차는 종착역에 도착한다

트랩에 서 있던 젊은 남녀 두 사람이 재빨리

뛰어내린다 두 사람은 철로변에 핀 들꽃 쪽으로

달린다 나도 달린다 젊은 여자가 말한다

이 꽃 보세요 별보다 작고 별보다 먼 꽃이에요

쇠별꽃 같아요 젊은 여자는 남자를 껴안을 듯이

두 팔을 벌리고 웃는다 나도 웃는다

* 바이칼 호에서 나는 물고기임.

눈과 강아지

지그재그로 발자국을 찍으며

강아지 한 마리 눈 위로

겅중겅중 달린다 컹컹컹컹 달린다

한 골목을 지나 또 다른 골목으로

아무것도 씌어지지 않는 골목으로

강아지는, 강아지는 달리고 또 달린다

이제 강아지의 앞발도 보이지 않는다

바람과 웃음

빈 하늘을 채우지 못하고 내리는
그림자들이 들을 달리면 싸리 이파리들은
붉게 타오르고 바람은 사방으로
반사하면서 날립니다
나도 반사 속에서 산길을
빠져나와 마을로 들어섭니다
마을 길에는 한 사나이가 서 있고
사나이는 날아가는 바람을 보고
환하게 웃습니다
나도 웃습니다
하늘에는 아직 붉은 해가
반 남아 있고 가야 할
시간들도 있습니다

언뜻언뜻 눈 내리고

언뜻언뜻 눈 내리고
바람 불고 마른풀들이
일어서는 중미산 언덕에서
어느 누가 홀로 서 있다 할지라도
소리들은 하염없이 빠져나가노니
날이 저물고 또 저물어
아무 병 없으면
우리도 저렇듯 아름다워지겠다고
할 수 있겠지요

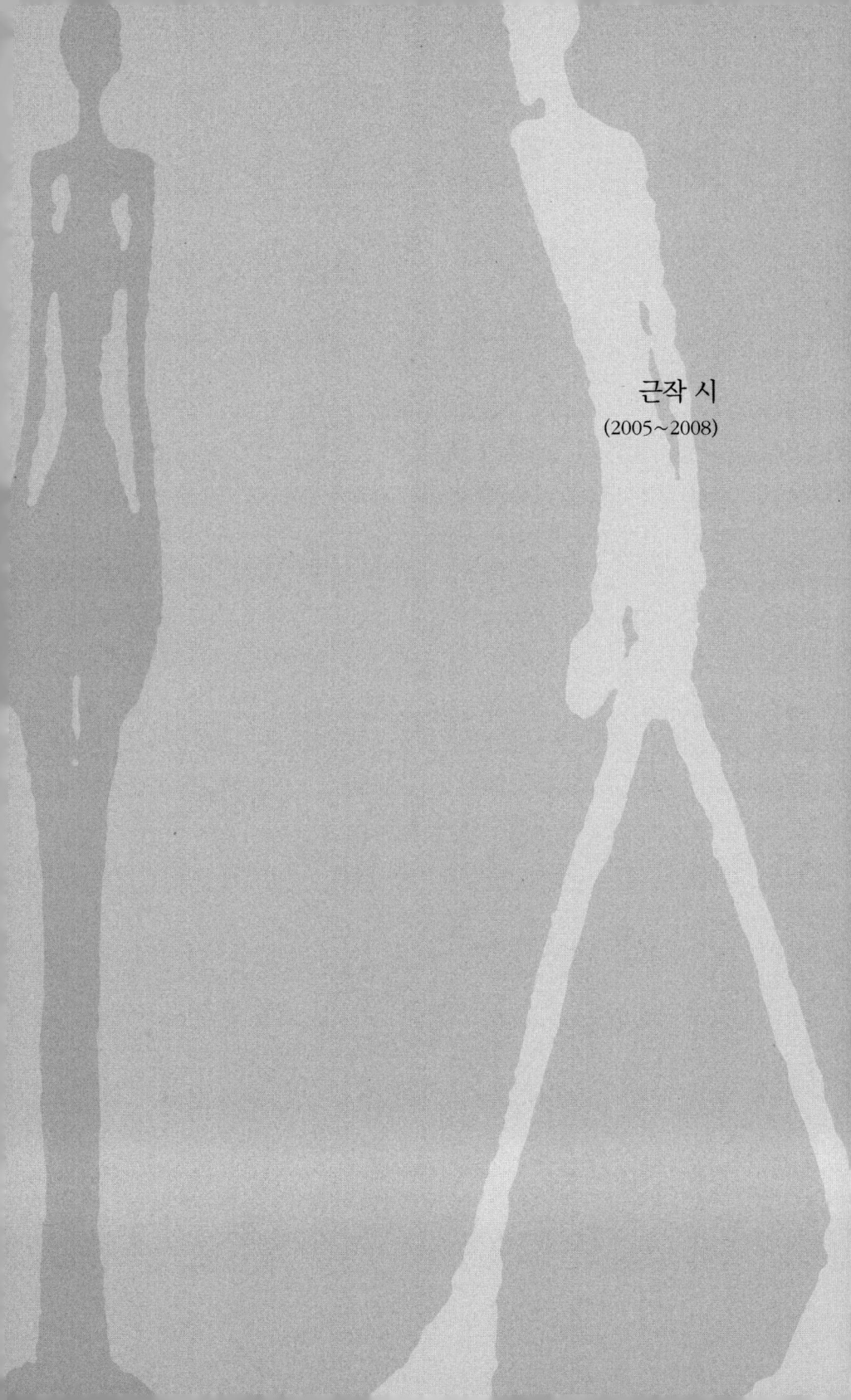

근작 시
(2005~2008)

어디서 손님이 오고 계신지

　문호리로 이사 간다는 소식을 전해 듣고 雅山 선생님이 보내주신 매화가 연 이태 눈을 틔운 것으로 그치더니 올해는 동지를 앞두고 꽃들이 활짝 피었다 향기가 복도로 퍼져 나갔다 아내는 층계참에 쭈그려 앉고 나는 창가에 앉았다 바람이 부는지 창밖에서는 구름이 이동하고 또 이동했다 마음을 갈앉으려고 나는 청소기로 거실과 복도를 서너 차례 민 뒤 이 층으로 올라가 책들을 정리했다 책상 위에 책들을 한 권 한 권 제자리에 꽂고 있는 동안에도 어디 먼 데서 손님이 오고 계신지 마음이 흔들리고 유리창들도 덜커덩거렸다

가을의 사도행전

삭은 이파리들을 뚝뚝 떨어뜨리면서 갈참나무는 삭은 소리로 희미하게 말하고 낙엽송은 낙엽송대로 한소리로 우수수 말하고 또 다른 나무는 희고 붉게 또 누렇게 여러 소리로 말했습니다 한 발 한 발 나는 중미산을 오르면서 가을에 대한 나무들의 형형색색의 말들에 놀라 소스라치다가 물기 묻은 이파리들에 미끄러져 골짜기로 데굴데굴 굴러떨어져 갔습니다 층층이 나뭇가지에 허수아비처럼 서 있던 사내가 굴러떨어지는 나를 내려다보며 말했습니다 떨어지면서 보는 가을도 별미스럽지요? 적멸보궁이라 해도 되겠지요? 나는 약이 올라서, 나무 위에서 보면 그렇겠노라고 쏘아붙이려 했으나 사내는 무엇이 바쁜지 붕붕 떠 산 모서리로 사라져 갔습니다 나도 따라가려다가 무엇이 적멸보궁이고 무엇이 형형색색인지 한번 생각해보려고 걸음을 멈추었습니다 순간 시간들도 걸음을 멈추고 생각에 잠겼습니다 생각은 생각까지도 멈추고 고개를 수그리고 있었습니다

풍양동으로 가자고

입동을 지내고도 한참 더 머물러 있던 가을이 가는지 모르게 사라져버린 옛집 마루에 앉아 잎 지는 소리 듣고 있으려니
오래전에 가버린 사람들이* 하나 둘 돌아와
장독대와 우물과 울타리를 돌아보고 나서
말했습니다 얼굴이 많이 변했다고
세상이 너무 복잡해서 그러니
풍양동으로 가자고
그곳에는 아직도 똥거름 주고 산그늘이
빠르게 달리는, 들녘에서 워어어이 워어어이
송아지 부르는 사람들이
있을 것이라고

* 허수경의 한 시에서.

김규동 선생님

두루마리 같은 것을 옆구리에 끼고 김규동 선생님이 옛날 스승이 었던 편석촌의 집을 담 너머 오랫동안 보고 있다가 울퉁불퉁한 비포장도로로 한 걸음 한 걸음 옮겨 간다 내일은 만날 수 없는 시간의 색선을 놓치지 않으려고 집중하는 양이 선연하다 못해 刻印해 놓은 것 같다 김규동 선생님은 스물여섯에 삼팔선을 넘었다 고향이 함북이었다 오늘은 삼팔선 너머 함북도 서울도 하늘을 떠가는 새털구름처럼 가볍고 희게 옹기종기 있다

가을 편지

  그대가 한길에 서 있는 것은 그곳으로 가을이 한꺼번에 떠들썩하게 빠져나가고 있다고 나에게 말해주고 있는 셈이겠습니다 그대가 驛頭에 서 있다든지 빌딩 아래로 간다든지 우체국으로 가는 것도 수사가 다르긴 하되 유사한 뜻이 되겠습니다
  날마다 세상에는 이런저런 일들이 일어나고
  바람과 햇빛이 반복해서 지나가고
  보이지 않게 시간들이 무량으로 흘러갑니다
  그대는 시간 위로 흘러가고 있습니다
  그대에게 나는 지금 결정의 편지를 써야 합니다
  결정의 내용이 무엇인지 알 수 없습니다
  시간 위에 떠 있는 우리는 도무지 시간의 내용을
  알 수 없으니 결정의 내용 또한 알 수 없는 일이겠습니다

겨울로 가는 마을

가을이 저물 대로 저물어 꼭지가 떨어지고 나면 돌담의 맨드라미와 피마자들은 색깔을 잃어버리고 뒤안 우물도 말라붙어 소리를 죽인다 추수를 끝낸 농부들은 쇠스랑과 쇠갈퀴 써레 괭이 들을 헛간에 가지런히 넣고 빗장을 지르고 나서 뒷짐을 지고 어슬렁어슬렁 네거리로 나간다 여인들도 그림자를 끌고 마당을 지나간다 시월과 십일월은 잠시 숨을 죽이고서 골목을 빠져나간다 검은 까마귀들이 날개를 치며 논두렁에 내려앉다가 올라간다 아이들이 동구길에서 아우성친다 머리가 파르스름한 사미승이 논두렁 건너 소나무 숲길로 걸음을 재촉하며 간다 아직도 한 뼘쯤 해는 서산에 남아 있고 네거리에서 사람들은 넘어가는 해를 일없이 보고 있다

상강이 지난 뒤

억새풀들이 날리고 찢긴 이파리들이 공중을 떠돈다 회오리가 일어난다 마을 앞 팽나무에서는 사람들이 먼 산을 보고 먼 새들을 보고 먼 시간들을 본다

구름이 떼 몰려 오는지 공기는 무겁고 사람들은 하나 둘 집으로 돌아간다 신작로 가 주점들도 불을 켜고 유리창 밖에서는 작은 새들이 떠올랐다 사라지고 또 떠오른다

모든 것이 조금씩 조금씩 변하고 바뀐다 상강이 지나고 입동이 온다 정배리에서 명달리로 가는 길들이 막히고 나뭇가지들이 고드름처럼 얼어붙기 시작한다

나는 수인선보다도 길고 낮은 골목을 돌아 저녁 마당으로 들어간다 나는 마루로 들어간다 어느새인지 구석방에는 뭉실뭉실한 어둠이 들어차 있다가 문소리에 놀라 주저앉는다 싶더니, 이내 평정을 되찾고 잠잠해진다 유리창 앞의 책상도 의자도 스탠드도 제각각 평정을 되찾고 어둠 속에서 제 길을 찾는다

저녁 시간

산 아래 밤나무들이 저녁 어스름 속으로 들어갑니다
오리나무와 가닥나무들도 들어갑니다
고라니들도 펄쩍펄쩍 뛰어들어 갑니다
뻘뻘 땀 흘리며 밭을 일구던 할아버지도
쇠스랑을 어깨에 메고 집으로 갑니다
마음이 바쁜 할머니는 서둘러
방들을 치우고 커튼을 내리고
주방으로 가 등불을 켭니다
할머니는 마른걸레로 식탁을 닦습니다
할머니는 숟가락과 젓가락을 나란히
올려놓습니다 다시 할머니는
그들의 하느님의 숟가락과 젓가락도 올려놓습니다
물 석 잔도 올려놓습니다
넉넉하다 할 수는 없겠지만
허기는 면할 수 있을 것 같습니다

돌각담

무슨 용도인지 모를 돌각담이 언덕으로 사안묵 이어지고 있었다 물기 머금은 바람이 돌각담을 넘어오고 또 넘어오고 있었다 밤에는 별들이 내려오고 새들이 내려오고 시간의 그림자 같은 것들도 검은 이끼처럼 내려오고 있었다 언제부터인지 돌각담 아래 우물이 흐르고 있었다 복사꽃 두 그루가 연분홍 꽃들을 화들짝 화들짝 피우고 있었다 마을 사람들이 하나 둘 春事라도 일어난 듯 돌각담 아래로 모여들고 있었다

봄밤

봄 햇살이 꼬리를 물고 풀강아지처럼 졸졸졸 흘러간다 봄 햇살은 물에도 젖지 않고 한나절 내내 앞마당으로 담장 밑으로 흘러가다가 양파 대파 시금치 당근 감자 고구마를 외치면서 일 톤 트럭을 타고 골목을 누비던 행상 부부가 대문으로 들어설 즈음에야 슬그머니 꼬리를 감춘다 행상 부부는 수돗간으로 들어가 얼굴과 목덜미를 북북 씻은 다음 안방으로 들어간다 스위치 켜는 소리 들리고 유리창이 밝아온다 그로부터 밤은 뭉청뭉청 공중에서 흘러내리고 새들이 숲 속으로 들어가고 시간들도 어둠의 깊은 층위로 사라진다 육탈 보시 하듯 부부는 어둠에 쓰러진다 감나무 가지와 가지 사이로 별들이 하나 둘 떠오르고 바람이 걸려 울다가 멈추다가 한다

달빛과 기아

달이 마당과 뒤뜰을
오랫동안 내려다보다가 급기야는
한 세기도 넘은 시골집의 가난과
누추를 속속들이 비춥니다 부엌문을
등지고 벌컥벌컥 물 마시던 누이들을
비춥니다 누이들의 해진 소매와 치맛자락을
비춥니다 누이들의 목구멍과 똥창마저도
비춥니다 흙이 밥이 되고 흙이 똥이 되던
누이들이 골목을 돌아 뒷강으로 나갑니다
누이들이 들을 질러갑니다 세모시같이
가슬가슬하기도 하고 우레같이 우렁우렁하기도 한
강물 속으로 누이들이 줄지어 들어가서
물결에 쓸려갑니다
어떤 경위도 내력도 없습니다
누이들은 발을 들어 올려 꺾고 돌며
흘러가다가 어느 순간 걸음을 멈추고
섭니다 달도 꼼짝 않고
그 자리에 섭니다

피난길

비렁뱅이같이 누추한 사람들이
고리짝을 등에 지고 솥단지를 이고
문고리에 의지하듯 터덕터덕 산언덕을
넘어오고 있었다 이불짐을 메고 오는
사람도 있었다 망아지 같은 새끼들도
있었다 노인들도 있었다
한밤에는 빗장에 걸리듯
누군가가 텅, 하니 넘어지고
누군가는 걸음을 멈추고서
신 바닥에 붙은 흙을 털고
또 누군가는 바위에 걸터앉아
신발끈을 풀고 퉁퉁 부은 두 발을
두 손으로 주무르고 있었다
새벽에는 별이 떠오르고
나무들이 젖고 가는 바람이
들판으로 흘러내리면서 무어라고
말할 수 없는 소리로 마른풀을
흔들고 있었다

신성 노동

봄물이 찰랑찰랑한 저수지 아랫논을 써레로 밀어 반반하게 다스리시던 할아버지의 긴 노동이 헛간에 있습니다 때 절은 베잠방이도 있습니다 할아버지의 아들인 우리 아버지가 들에 나갈 때마다 어깨에 메고 가시던 쇠스랑과 곡괭이도 있습니다 삽과 낫과 호미도 있습니다 작두도 있습니다 장도리도 있습니다 이제는 용도 폐기된 연장들이 옛 농업 방식과 함께 먼지를 뒤집어쓰고 있습니다

바다 건너 도초에서 시집오신 우리 어머니는 오늘도 밭에 나가 김매고 고랑 내고 고들빼기와 냉이를 캐시다가 저녁 햇살이 어른거리는 판자울을 가만가만 돌아오십니다 어머니는 판자울 끝에서 걸음을 멈추고 헛간을 봅니다 어머니는 헛간으로 들어갑니다 어머니는 먼지 슨 연장들을 털고 정비하고 일으켜 세웁니다 어머니는 그렇게 정성으로 우리 家系를 돌보시고 일으켜 세우십니다

나는 오늘 저녁 어머니의 정성을 세세히 봅니다
어스름을 끌고 어머니의 뒷모습이 마당에서 뒤꼍으로 돌아가시는 것을 봅니다
아아, 나도 마당에서 뒤꼍으로 어머니를 따라가봅니다
어머니가 언덕을 넘고 넘어가는 것을 봅니다 어머니가 마을 앞 당나무처럼 장엄하게 노을 속으로 들어가 타오르는 것을 봅니다

한 세기 넘게

　과거지사들이 채곡채곡 창고 선반에 쌓여 있습니다 한 세기 넘게 똬리를 틀고 있는 우리 家室의 가난과 누추가 있습니다 방을 기어 나와 벌컥벌컥 물 마시던 누이들이 있습니다 흙이 밥이 되고 똥이 되던* 내력이 있습니다 마당이 있습니다 골목이 있습니다 길들 있습니다 길들은 하늘 가운데로 숟가락을 들어 올립니다 숟가락은 공복과는 상관없이 (혹은 너무나 상관관계를 가지고서) 아침을 기다리고 저녁을 기다립니다 나는 아침과 저녁의 책장들을 넘깁니다 밤에는 또 달이 떠오르고 마당은 소금을 뿌려놓은 듯이 희고 나는 죄와 벌 속으로 갑니다 죄가 죄를 밀고 갑니다 죄가 벌을 밀고 갑니다 나는 문막과 횡성으로 갑니다 문막과 횡성은 강원도 끝에 있습니다

* "흙이 밥이 되고 똥이 되던"은 「극빈」 연작인 「달빛 기아」의 한 구절임. 이 연작에는 같은 시구와 이미지, 인물들이 겹쳐 나오고 변주됨.

선암사 길

  선운사에 가려고 집을 나선 것은 바람이 조금 센 날이었다 비를 머금은 공기는 무겁고 구름 사이로 해가 들락날락했다 누비라를 타고 나는 남도 길을 달렸다 고서를 지나고 창평에 들어서자 언덕 너머 찬바람이 불어오고 산죽들이 무쇠 징이라도 울리듯 웡웡거리고 염소들이 목을 쳐들고 해를 보고 있었다 가을걷이를 끝낸 여인들도 바구니를 옆구리에 낀 채 골목을 돌아가거나 돌아나왔다 나는 브레이크를 밟고 마을을 내려다보았다 경운기 한 대가 털털털 산 밑을 돌아가고 개들이 컹컹컹 짖었다 오늘 하루해는 유난하다 싶으리만치 흰구름 사이를 빠져나오지 못하고 검붉게 타고 있었다 들판까지도 검붉게 타는 것 같았다

보릿고개

허리를 구부리고 어머니가 바가지에 물을 떠 벌컥

벌컥 마십니다 할머니도 바가지에 물을 떠 벌컥벌컥

마십니다 누이도 바가지에 물을 떠 벌컥벌컥 마십니다

우리 식구들은 아침이고 저녁이고(어떤 때는 밤중이고를

가리지 않고) 바가지 물을 벌컥벌컥 마십니다

벌컥벌컥 소리들은 개숫물과도 같이

(먼 데가 아니라 마주 가까이서) 목구멍에서 위장 속으로 줄줄줄

흘러내려가고 어떤 소리들은 빈 숟가락처럼

정지문에서 서성거립니다

소리들은 신새벽까지 서성거릴 때가

있습니다

우마차

　이파리 하나 걸치지 않고 앙상하게 서 있는 가닥나무와 도토리나무 오리나무 밤나무들을 겨울 하늘이 조심조심 감싸고 새들이 푸르륵푸르륵 오르내리고 공기가 조금씩 출렁거립니다 얼음장 아래로 안 보이는 개울물이 흘러갑니다 개울물은 계속 흘러갑니다 산 아래 마을 집에서는 노인들이 캘린더를 요란하게 넘깁니다 들판 멀리 우마차도 덜커덩덜커덩 다리를 지나갔습니다

　나는 우마차들이 수십 년 전에 모두 지나가버렸다고 생각했댔습니다 그런데 우마차는 그날 다리 위를 지나가고 있었으며, 산이나 들로, 시간 위로, 때로는 빛에 싸여 환하게 지나가고 있었습니다 콜록콜록 기침을 하면서 노인들이 한 땀 한 땀 시간을 뜨듯이 그렇게 우마차를 따라가고 있었습니다

우물길

나무 그늘에 우물이 있었다

밤에도 낮에도 세모래가 조금씩 조금씩 무너져 내리고 바람과 햇빛이 실핏줄같이 흘러내렸다 잠시 잠깐 고요도 발을 내렸다

고요의 뒤를 따라 사내는 우물 속으로 들어가 돌 위에 앉았다 어디선지 물 흐르는 소리 쿨쿨쿨쿨 들리고 울퉁불퉁한 형상을 하고서 시간들이 몰려갔다 시간들은 봄이 가고 또 봄이 올 때도 멈추지 않고 소리치며 달려갔다

우물은 점점 모래가 쌓이고 돌무더기들이 보이지 않았다 사내는 더욱 깊이 우물 속으로 들어갔다 이제 우물 속에는 바람도 햇빛도 들어오지 않았다 우물은 수수십 년 모래들이 무너지고 억새들이 하얗게 자라 날리더니 간신히 한 사람이 지나갈 정도로 오솔길이 열렸다

사람들은 그 길을 억새 길이라고도 하고 우물길이라고도 했다
또 어떤 사람들은 그 길을 사안묵 가면 북한강같이 큰 강이 나온다고도 했다

목조건물

1

한 골을 넘고 두 골을 넘어서자 물소리 잦아들고 나무들은 그들의 소리로 울며 공중 높이 솟아오르고 별이 내린다 새벽에는 가는 비 후드둑후드둑 지붕과 유리창을 때린다 빗물은 홈통을 타고 흘러내리면서 층계와 복도를 울린다 목조건물 전체가 가늘게 한없이 진동한다

2

사내는 무엇이 슬픈지 현관문을 꼭꼭 닫고 안방 문을 닫고 층계를 올라간다 이 층 마루를 건너 구석방으로 들어간다 의자에 앉는다 반쯤 열린 창으로 직사각형의 풍경이 물밀듯 들어오고 풍경의 뒤를 따라 다른 풍경들이 들어온다 바람이 이는지 풍경들이 흔들린다 오리나무와 산벚나무 생강나무 낙엽송들도 흔들리면서 물비단 같은 시간 속으로 간다 시간이 자꾸 간다 8월이 가고 9월이 간다

3

목조건물은 계속 산속으로 들어간다 수은주는 내려가고 유리창은 타오르고 햇빛은 이파리들을 타고 흘러내린다 새들이 그늘 속으로 들어간다 양치식물들이 숨을 죽인다 사내는 구석방으로 더욱 깊이 들어가 꼼짝 않고 있다 책상도 의자도 책들도 꼼짝달싹 않는다 벽시계가 땡땡땡 3시를 치고 7시를 쳐도 구석방의 침묵은 동요하지 않고 완강하게 그의 모습을 지킨다 한밤에는 달이 떠올라 지붕과 처마와 유리창과 창고와 창고의 쥐구멍들을 처연하면서도 아주 구체적으로 속속들이 비춘다 달은 쥐구멍의 구멍 속까지도 파고들어가 구멍의 쥐똥들과 쥐털과 도토리 열매를 똑똑히 보고 확인한다

4

10월이 가고 11월이 온다 오리나무와 산벚나무 이파리들이 노랗게 황금빛으로 물들었다가 떨어지고 이파리들이 채곡채곡 골을 덮는다 고라니와 너구리 들이 달려온다 새벽에는 서릿발이 돋고 눈이 내리다가 멈추더니 다시 내린다 사내는 현관문을 열고 눈 속으로 사라진 길을 찾아서 한 걸음 한 걸음 걸어간다 사내는 언덕을 넘고

들판을 건너간다 들판에는 몇 그루 침엽수들이 있다 어떤 것은 작고 어떤 것은 크다 산 자와 죽은 자 들도 그곳에서는 함께 있다 바람도 햇빛도 함께 있다

비천자상

바늘 같은 이파리들이 아프게 떨어지는 낙엽송 아래로 시를 생각하면서 가노라면, 마감일자를 넘긴 시에 쫓겨서 가고 있다면, 저만큼 이성부나 이승훈이 뒤쫓아오고 있노라면, 아니 이성부나 이승훈만이 아니고 조태일과 김종해 정진규도 내 시 내놓으라고 소리 소리 지르며 뒤쫓아오고 있다면, 때는 밤이고 달이 떠올라 세상을 흑과 백으로 명명백백하게 가르고 있다면, 나는 과연 어쩔 것인가, 계속 시를 생각하며 걸을 것인가, 혼비백산하여 나무숲으로 벼랑으로 내달릴 것인가, 그때 내 얼굴은? 눈은? 코는? 이마빼기는……? 나는 그런 나의 눈과 코와 이마빼기를 본 적이 없다, 어떤 거울 속에서도 본 적이 없다, 그런 나는 사무라이나 조폭의 졸개일 터이고, 더 밀고 나가기를 허락한다면, 부리나케 주방으로 달려가 소주를 병째 벌컥벌컥 마시고, 또 다른 병을 들고 마시는 비천자일 터이다, 그래서 오늘 나는 슬프고 기쁘다, 비천자라는 레텔을 이마빼기에 붙이고 나는 시원섭섭해서 흐흐 울고…… 흐흐 웃을 터이다,

소한

겨울 종소리는 듣기에도 사무친다고
말씀하시던 청화 스님이 생각나서
성령사에 갔더니, 스님은 어디 갔는지
보이지 않고 대웅보전 처마에서
풍경만이 뎅그렁뎅그렁 울고 있었다
한밤에는 달이 하늘 정중에 떠서
섬진강을 비췄다 나무들이 놀란 듯
물속으로 일제히 뛰어들어갔다 새벽에는
수은주가 자꾸 아래로 내려갔다
해가 떠오르자마자 나는 차를 잡아타고
곡성을 거쳐 구례로 달려갔다
여관 문을 밀고 들어갔다 뚱뚱한
여주인이 다스운 물을 떠가지고 와서
"이런 날은 눈이 와도 한참 오겠어요
집 안에 들어박혀 마음을 다스리는 것
이 상책이겠어요" 했다 나는 다스운 물
을 꿀꺽꿀꺽 마시고 마음을 다스리려고
벽면을 오랫동안 보았다

연보

1939년   전남 신안군 안좌면 원산리에서 태어남〔최성봉 씨와 김호단 씨의 2남 1녀 중 장남. 본명 최호남(崔虎男)〕.
1945년   초등학교에 입학함.
1949년   33세를 일기로 부친 별세.
1955년   미술평론가 원동석을 비롯, 김병곤, 김중식, 윤종석, 정일진 등과 고교 시절 문학 공부를 함.
1962년   『조선일보』 신춘문예에 시 「회색수기(灰色手記)」가 입선.
         목포의 한 다방에서 김현을 만남.
1963년   김현, 김승옥, 김치수와 함께 동인지 『산문시대(散文時代)』를 펴냄.
         『산문시대』는 1965년 4호까지 나옴.
1964년   『조선일보』 신춘문예에 시 「貧弱한 올페의 回想」이 당선됨.
1966년   시사영어사를 거쳐 삼성출판사에 입사.
         이후 직장 생활의 타성에 빠짐. 시를 거의 폐업하고 미술과 역사에 몰두함.
         역사 경도 시기, 민중적 삶과 언어에 눈을 뜸.
         정치학자 최장집 교수와 미술사학자 최완수 등과 친교.
1969년   장숙희 씨와 결혼. 슬하에 유정, 승린, 승집, 1남 2녀의 자식을 둠.
1972년   시론 「60년대 시인의식」을 『현대문학』에 발표.
1973년   미술평론 「유종열의 한국 미술관」 발표.

1976년　첫 시집 『우리들을 위하여』(창작과비평사)를 펴냄.
1979년　미술 산문집 『한국인의 멋』(지식산업사)을 펴냄.
1981년　김수영 평전 『자유인의 초상』(문학세계사)을 펴냄.
1982년　문공부의 문학인 해외여행 주선으로 프랑스, 이탈리아, 중동, 동남아를 다녀옴.
　　　　밀레의 고향인 프랑스 바르비종에서 작은 마을의 평화와 안녕에 깊은 충격을 받음.
　　　　두번째 시집 『작은 마을에서』(문학과지성사)를 펴냄.
1984년　시론집 『시와 부정의 정신』(문학과지성사)을 펴냄.
　　　　서울예대 문예창작과에서 시 창작을 강의함.
1985년　아시아 시인대회 참석차 일본에 감. 교토와 나라를 둘러봄.
　　　　교토의 유적들에서 동양 정서의 깊은 맛을 느낌.
　　　　판화 시선집 『겨울꽃』(풀빛)을 펴냄.
1986년　세번째 시집 『겨울 깊은 물소리』(열음사; 문학동네에서 1999년 개정판)를 펴냄.
1988년　전남일보 편집국으로 직장을 옮기고 광주로 내려가 혼자 생활함.
　　　　자선 시집 『침묵의 빛』(문학사상사)을 펴냄.
1991년　6월에 고혈압으로 쓰러짐. 한 달 후에 퇴원함. 다음 해 봄부터 출근함.
　　　　네번째 시집 『속이 보이는 심연으로』(문학과지성사)를 펴냄.
　　　　이 시집으로 제10회 조연현문학상을 수상함.
1992년　수필집 『숲이 아름다운 것은 그곳이 비어 있기 때문이다』(문학세계사)를 펴냄.
1996년　전남일보에서 정년퇴임한 뒤 충북 영동군 호탄리로 거처를 옮김.
1998년　다섯번째 시집 『굴참나무숲에서 아이들이 온다』(문학과지성사)를 펴냄.
　　　　이 시집으로 제11회 이산문학상을 수상함.
1999년　산문집 『시인을 찾아서』(프레스21)를 펴냄.
2000년　제5회 현대불교문학상을 수상함.

2001년	여섯번째 시집 『풍경 뒤의 풍경』(문학과지성사)을 펴냄.
	『김수영 평전』(개정판)을 실천문학사에서 펴냄.
2002년	경기도 양평군 서종면 문호리로 거처를 옮김.
2003년	산문집 『멀리 보이는 마을』(작가)을 펴냄.
2005년	일곱번째 시집 『때로는 네가 보이지 않는다』(랜덤하우스 중앙)를 펴냄.
	이 시집으로 제2회 올해의 예술상 문학 부문 최우수상 수상.
2006년	시선집 『햇볕 사이로 한 의자가』(생각의나무)를 펴냄.
2010년	전집 『최하림 시전집』(문학과지성사)을 펴냄.
	4월 22일, 향년 72세를 일기로 타계함.

찾아보기(시 제목)

ㄱ

가라앉은 밤　463
가을 광활　452
가을 沙場에서　37
가을 인상　189
가을 편지　499
가을, 그리고 겨울　211
가을날에는　355
가을의 말 1　39
가을의 말 2　41
가을의 말 3　47
가을의 바깥에서　42
가을의 사도행전　496
가을의 속도　372
假花 장수　85
갈마동에 가자고 아내가 말한다　366
降雪의 詩　80
강이 흐르는 것만으로도　411
개꿈　268
겨울 갈마동 일기　368
겨울 내소사로　374
겨울 단양행　481
겨울 도장리　469

겨울 산 152

겨울 어느 날 351

겨울 牛耳洞詩 67

겨울 월광 392

겨울 精緻 97

겨울 初入 92

겨울로 가는 마을 500

겨울의 말 107

겨울의 빛 1 109

겨울의 빛 2 110

겨울의 사랑 54

겨울이면 배고픈 까마귀들이 399

결빙(結氷)의 문장을 읽는다 470

更作 122

고통의 문지방 233

공중으로 너풀너풀 날아간다 438

공중을 빙빙 돌며 434

光木道路 213

교회당 언덕에서 244

구부러진 해안선으로 478

구석방 450

구천동 詩論 286

귀뚜라미 소리 115

그대는 눈이 밝아 146

그대들이 부는 리코더는 144

그를 만난 것은 그 뒤였다 265

그리운 날 241

그리움 126

그해 겨울에는 457

기억할 만한 어느 저녁 460
기차는 北으로도 南으로도 228
길 위에서 415
김규동 선생님 498
김현을 보내고 331

ㄴ

나는 금강천을 건너 447
나는 꿈꾸려고 한다 293
나는 너무 멀리 있다 304
나는 너에게 편지를 쓴다 429
나는 다리 위에 있다 388
나는 뭐라 말해야 할까요? 402
나는 산 밑을 돌아간다 442
나는 禪맛 느낀다 226
나는, 지금 468
나무가 자라는 집 284
落果 245
날마다 산길 1 271
날마다 산길 2 273
날마다 산길 3 274
날마다 산길 4 275
낮은 소리 416
내 꿈은 내 것이야 196
내 시는 詩의 그림자뿐이네 277
너는 가야 한다 150
농부들은 마당을 어슬렁거렸다 418
農夫의 아내 78

누군가 나를…… 172
누란 153
눈 74
눈과 강아지 490
눈발이 날리다 말고 444
눈을 맞으며 348

ㄷ

다시 구천동으로 364
다시 빈집 358
달 369
달밤의 어릿광대 137
달빛과 기아 505
달아 달아 170
달이 빈방으로 301
담쟁이덩굴 270
대관령(大關嶺) 203
도시의 아이들 328
獨白 82
독신의 아침 297
돌각담 503
동강에서 401
두 손을 들고서 66
두 여자가 454
들판 296
떠난 자를 위하여 75

◘

마른 가지를 흔들며　45
마애불을 생각하며　396
마애불이 돌 속으로 들어간다　391
마을의 느티나무　307
마음의 그림자　139, 299, 431
말　143, 160, 168, 239
말에게　276
말하기 전에, 나는　218
메밀밭에서는　437
메아리　449
모자도 쓰지 않고　341
모카 커피를 마시며　224
목조건물　513
무등산　235
무슨 착각처럼　114
물 그림자 위로　387
물컵에　302
미장이　105

ㅂ

바다　240
바다 멀리 유채꽃들이　247
바다와 산을 넘어　479
바다의 아이들　30
바람과 아이　305
바람과 웃음　491

찾아보기 525

바람이 대숲 길로 빠져나간 뒤　386

바람이 센 듯해서　428

바람이 이는지　360

밖의 倚子　34

반세기가 번뜩 지나간 어느 해 저녁　291

밤　112

밤나라　90

밤에는 고요히 어둠을 본다　281

밤의 다리　483

房　257

방문　223

방울꽃　344

방죽이 있는 풍경　320

밭고랑 옥수수　256

白雪賦 1　69

白雪賦 2　73

백일몽　321

버들가지들이 얼어 은빛으로　362

베드로　242

베드로 1　175

베드로 2　176

베드로 3　178

베드로 4　179

베드로 5　180

베드로 6　182

베드로 7　183

베드로 8　184

베드로 10　185

별것도 없다고 투덜거리던 달도　455

별아! 422
별을 보면서 161
별이 떠올랐다가 사라지는 날이여 414
病床 일기 323
병상에서 324
病後에 255
보릿고개 510
봄 156
봄 길 405
봄 태안사 306
봄 하늘이 왜 이리…… 158
봄날이 온다 462
봄밤 136, 504
浮浪者들의 노래 77
부랑자의 노래 1 127
부랑자의 노래 2 134
부랑자의 노래 3 135
부식 동판화 325
북한강 465
불 58
불국사 회랑 394
불빛을 그리워한다 91
비가 50, 124
비가 내린다 157
비루먹은 말처럼 413
비원 기억 250
비천자상 516
貧弱한 올페의 回想 23
빈집 356

찾아보기 527

빗속으로 451

ㅅ

사닥다리를 타고 201
사랑하며 자유하며 190
사모곡 131
사방의 상수리처럼 79
산수유꽃들이 피다 말고 떨어져 335
살그머니…… 188
삽살개 같은 것들이 420
霜降을 지내고 308
상강이 지난 뒤 501
상처 221
새 130, 194, 206
새 섬 101
새벽 꽃 260
새야 새야 118
書床 427
선암사 길 509
雪夜 1 48
雪夜 2 65
섬진강 310
섬진강에 갔더니 195
세상에서 멀리 가려던 294
細石平田에서 81
소록도 7 486
소록도 詩篇 1 312
소록도 詩篇 2 313

소록도 詩篇 3　314
소록도 詩篇 4　315
소록도 詩篇 5　316
소록도 詩篇 6　317
소리꾼　128
소리들이 메아리치고　162
소한　517
손　383
수천의 새들이 날갯짓을 하면서　375
슬픈 꿈　200
詩　121, 187, 259, 89, 99
시　207
시간의 잠　186
詩는 어디에　94
詩를 태우며　326
시베리아 판화(版畵) 1　471
시베리아 판화(版畵) 2　473
시베리아 판화(版畵) 3　474
시베리아 판화(版畵) 4　488
詩에게　264
시월은　445
신동엽　125
신성 노동　507
11월에 떨어진 꽃이　167
십일월이 지나는 산굽이에서　440
싸락눈처럼 반짝이면서　389

ㅇ

아내가 없는 날 342
아내에게 248
아들에게 215
아무 생각 없이 겨울 풍경 그리기 337
아이와 함께 198
아침 詩 282
아침 유대 349
아침 햇살처럼 246
안개 낀 날에는 171
양수리에서 165
어느덧 봄이 309
어두운 골짜기에서 116
어둠의 노래 61
어디로? 371
어디서 손님이 오고 계신지 495
어디선지 한 소리가 458
어머니 강물 220
억새풀들이 그들의 소리로 398
언덕 너머 골짝으로 292
언뜻언뜻 눈 내리고 492
얼마나 세상이 변했는가 205
에튀드 423
연오랑과 세오녀처럼 409
오늘 밤에도 당신은 370
오늘은 굼벵이 같은 나도 289
오래된 우물 448
오래오래 누워 467

온 세상 가문비나무로 덮여서 154
온화한 그늘 202
외몽고 476
요교리(蓼橋里)로 163
우리가 당신의 성채인 것처럼 319
우리가 멀리 떠나거나 잠이 든 새에 432
우리나라의 1975년 63
우리는 손잡고, 기다리고 있었네 236
우리들은 무엇인가 60
우리들의 歷史 52
우리들이 걸었던 길의 고통의 시간 속에서 253
우마차 511
우물길 512
雨水 397
웃음소리 56
유리창 앞에서 83
68번 도로에서 410
음악실에서 36
의자 377
이 말 저 말 시인 262
이름을 뼛속까지 231
이슬방울 84
이제 나는 잠을 자야겠습니다 258
이제는 날개도 보이지 않고 날아가는 새여 썩뚝썩뚝 시간을 자르며
　나는 가리니 363
이제는 떠나세 132
일기, 비망록 327
일모가 올 때 32

찾아보기 531

ㅈ

'잘사는 세상' 120
잠 193
잠시, 생각의 순간에 453
장마 343
장미가 울안에 138
저녁 무렵 298, 345
저녁 바다와 아침 바다 113
저녁 바람 332
저녁 바람은 303
저녁 배에 오르다 480
저녁 시간 502
저녁 예감 373
저녁 종소리 울린다 439
적벽가 96
전화벨이 운다 385
정명섭에게 336
정방폭포 119
제6공화국 237
주님이 오실지도 모릅니다 333
주여 눈이 왔습니다 155
죽은 자들이여, 너희는 어디 있는가 229
즐거운 딸들 252
智異山 217
지리산 넘어 수십만 되새들이 430
眞佛庵 290
집으로 가는 길 295, 347
징검다리 435

ㅊ

천둥산 123
泉隱寺 길 269
철 지난 봄노래 329
첫 시집을 보며 407
초여름 풍경 339
촛불을 들고 487
춘분 174
취한 화가 103
친구네 집 406
침묵 속으로 475
침묵의 빛 192

ㅋ

K와 함께 456

ㅍ

포플러들아 포플러들아 395
風景 76
풍경 111
풍양동으로 가자고 497
피난길 506

ㅎ

하늘소 421

한 세기 넘게　508
한 줄기 회오리 같은　477
한겨울의 꿈　106
할머니들이 겨울 배추를 다듬는다　464
함티 가는 길　381
해남 가는 길　459
해일　102
海港　28
햇빛 한 그릇　403
햇빛이 무진장 내려　148
호탄리 詩篇　379
黃土밭 지나며　261
황혼 저편으로　412
힘든 여름　485

수록 시집 출처

『우리들을 위하여』 창작과비평사, 1976
『작은 마을에서』 문학과지성사, 1982
『겨울 깊은 물소리』 열음사, 1987; 문학동네, 1999
『속이 보이는 심연으로』 문학과지성사, 1991
『굴참나무숲에서 아이들이 온다』 문학과지성사, 1998
『풍경 뒤의 풍경』 문학과지성사, 2001
『때로는 네가 보이지 않는다』 랜덤하우스중앙, 2005